U0858150

◆

齐鲁圣贤语录

马新主编

◆

晏子语录

王玉喜 编著

山东大学出版社

图书在版编目(CIP)数据

晏子语录/王玉喜编著.—济南:山东大学出版社,2016.6
(齐鲁圣贤语录/马新主编)
ISBN 978-7-5607-5563-2

Ⅰ.①晏… Ⅱ.①王… Ⅲ.①晏婴(? ～500)
—语录 Ⅳ.①B22

中国版本图书馆 CIP 数据核字(2016)第 151056 号

责任编辑 刘森文
封面设计 牛 钧

出版发行:山东大学出版社
社 址 山东省济南市山大南路 20 号
邮 编 250100
电 话 市场部(0531)88364466
经 销:山东省新华书店
印 刷:山东华鑫天成印刷有限公司
规 格:787 毫米×1092 毫米 1/32
4.75 印张 80 千字
版 次:2016 年 6 月第 1 版
印 次:2016 年 6 月第 1 次印刷
定 价:12.00 元

本书系山东省古籍整理项目“齐鲁文化经典研究”、齐鲁文化名家立项课题“走进齐鲁经典文化”结项成果

《齐鲁圣贤语录》
课题组

课题组负责人　马　新

课题组成员　（以姓氏笔画为序）

马　新　马德青　王玉喜　巩宝平

刘厚琴　李吉东　李学娟　吴　云

陈以凤　校　潇　郭　浩　郭海燕

总序

所谓语录，就是对圣贤哲人言论的撷录。或只言片语，或精妙短论，虽为吉光片羽，但无一不是其思想之精华，足以让我们走近圣哲，与之对话，聆听教诲。这套《齐鲁圣贤语录》，就是对春秋战国时代齐鲁圣贤言论的撷录。

齐鲁之邦，钟灵毓秀，圣贤辈出。自齐太公姜尚以来，生于斯、活跃于斯者粲然可观。春秋时代，有管子、孔子、晏子、孙子；战国时代，有孟子、庄子、荀子、孙膑，还有吴起、公孙衍、许行、慎到、扁鹊、甘德，等等，不一而足。秦汉以后，至于近代，同样是代不乏人。但影响最为深远的还是春秋战国时代的齐鲁圣贤哲人。因此，我们首先从其中寻找有较为完整的传世之作者，采撷其言论，汇为一编。计有《孔子语录》《管子语录》《晏子语录》

《孙子孙膑语录》《荀子语录》《墨子语录》《孟子语录》《庄子语录》，共八册。

对于先人言论的重视是中国自古以来的传统，西周、春秋时代史官的分工就是“左史记言，右史记事”。弟子后学对其先师达人的言论也格外珍视。因而，在圣哲们的传世著作中，大部分内容是弟子及后人对其言论的汇集，实际上就是一部言论集。这就为我们的工作提供了莫大的便利。在选取时，我们以其最具代表性的著作为底本，着重披选；将散见于其他著作或典籍的言论作为补充，亦酌情录入。如《孔子语录》主要选自《论语》，同时又从《礼记》《庄子》《韩非子》《孟子》《孔子家语》等典籍中录出一部分，共成一册。

齐鲁圣哲虽是齐鲁文化名人，但又不单纯是地域性名人，因为他们同时还是诸子百家的代表人物。长期以来，他们一直高居神殿之上，有着神圣的光环，诸如“至圣”“亚圣”“兵圣”……让人难以接近。历朝历代的学问家们为之作注、作解者不计其数，但几乎都是高深的义理之疏，寻求的是其中的微言大义。我们这套《语录》则是反其道而行之，重在寻找圣贤哲人的言论中那些至今依然光彩四溢，让人爱不释手、随时受用者，让圣哲们深邃的哲理走出殿堂，成为大众的良师益友。因而，我们注重选取那些至今仍有活力、朗朗上口者，千百年来脍炙人口的名言警句则优先选入。对所选语录只进行难

字难词的简要注释，并配以今译，不再进行引经据典式的层层疏解，以便于读者去除屏障，直接与圣哲们对话。

这套《语录》是我们为中国传统文化的传承与普及做的初步尝试，也是向齐鲁圣贤哲人的致敬之作。囿于水平与学识，粗疏之处，在所难免，敬请广大读者不吝赐教。

马　新

2016年2月于山东大学高阁书斋

前言

晏子(？～前500年)，名婴，字仲，谥平，春秋时期齐国夷维(今山东高密)人。晏氏自晏子之父晏弱始见于史籍，晏弱历事齐顷公、灵公。晏弱去世之后，晏子继承了他的爵位，为齐国大夫。关于晏子的外貌，《孔丛子·对魏王》中说他“长不过六尺，面貌恶”。然而就是这样一个其貌不扬的齐国大夫，却历事齐灵、庄、景三君，名扬诸侯。

晏子的仕途并非一帆风顺。齐灵公之世，晏子刚刚继承大夫爵位，资历尚浅，并不为国君所倚重，左右不了齐国大局。齐庄公即位，尚勇力而不行礼义。晏子力谏庄公行礼义，无奈庄公不听。后齐庄公为崔杼所杀，晏子闻难而来，伏尸成礼；崔、庆之党劫持齐大夫在太宫会盟，晏子舍命不渝，没有倒向他们。观此二事，晏子有仁

者之勇也。庄公遇害，晏子不死君之难，而曰“君民者，岂以陵民，社稷是主；臣民者，岂为其口实，社稷是养。故君为社稷死，则死之，为社稷亡，则亡之；若君为己死而为己亡，非其私昵，孰能任之”[①]。此与孟子“民贵君轻”的民本思想主旨相同。

齐庄公之难使晏子名声大振。景公即位，既倚重忠于公室的晏子，又宠任梁丘据、裔款之流。景公能纳谏，有复桓公霸业之志，然其欲望无厌，又好宫室台榭、声色犬马之玩。晏子随事补救，以讽谏匡君，朝夕不怠，危行逊言，虽身处崔（杼）、庆（封）、二惠（惠公之后公子雅、公子灶）、田氏（田无宇）更迭专权之乱世，却能保身而名显于诸侯。

晏子的人格魅力和道德品质向来为世人所敬重。孔子云：“晏平仲善与人交，久而敬之。”[②]孔夫子将晏子与子产并提，并且说：“晏子于君为忠臣，而行为恭敏。故吾皆以兄事之，而加爱敬。”[③]太史公司马迁在《史记·管晏列传》中用几近崇拜的语气说道：“假令晏子而在，余虽为之执鞭，所忻慕焉。”管子辅佐桓公首霸春秋，其功至大，然其家奢侈，不能身蹈礼义，道德品质较之晏子差矣！清代学者姚鼐以为晏子较之管子，其“盛德而才

---

① 《晏子春秋》卷五《内篇杂上》。

② 《论语·公冶长》。

③ 《孔子家语·辩政》。

差不足”[①]。姚氏对晏子的评价堪称公允。晏子道德高尚，“以节俭力行重于齐”[②]。不独于此，晏子在修身方面也有不少独到的见解，其品德足为后世典范。

晏子的治国之才虽不及管子，但身为贵族的晏子有着长期从政的经历，这使得他在为政治国方面较之孔子、墨子、孟子、荀子等学者出身的思想家有着更为丰富的经验和见解。因此，晏子的思想绝大部分都是谈论如何为政治国，即使是个人修养方面的见解也都是围绕着为政治国展开的。这是晏子思想的一大特点。

晏子思想以“法先王”为出发点，认为社会治理最好的时期是在尧、舜、禹、汤及周文王等上古三代圣王时期。明君治国理政要任用贤能，一言一行要做到爱民，以民为本。君主要节制私心私欲，将节省下来的资财用来救济生活困苦的百姓。君主只有将一己之乐“推而与百姓同之”[③]，社会才能达到汤武之治。从君对臣的角度来说，君主对待大臣不仅要做到知贤、用贤，更要任贤。君主做到任贤的同时，还要罢黜身边阿谀奉承、钻营利禄的奸邪之辈。贤能之臣要竭心报效君主和国家，要敢

---

① (清)姚鼐：《惜抱轩文集》卷一，影印山东省图书馆藏清嘉庆三年刻增修本，《续修四库全书 · 集部 · 别集类》第1453册，上海古籍出版社2001年版，第7页。

② 《史记 · 管晏列传》。

③ 《晏子春秋》卷七《外篇上》。

于直谏君主，匡正君主之过失，同时要做到节俭、廉让。大臣辅佐君主，不仅仅为了俸禄，更重要的是为了社稷的安定。而社稷就是以民为主体的共同体。明君贤臣治理国家皆以爱民为务，这就是“安仁义而乐利世”的德治路线。国内安定，民心归上，诸侯才能归附贤君。只有做到内安百姓、外服诸侯，桓公霸业才能恢复。由此来看，晏子的目的是“复霸”，路线基本遵循了管子“内圣外王”的套路。但是，晏子思想中爱民、节俭、廉让等思想以及一些治国经验，直到今天仍有值得借鉴和吸收的地方。这也是我们编著这本小书的目的之一。

晏子的思想大都集中在《晏子春秋》一书当中，该书大致成书于战国时期，其作者不是晏子本人，而是齐威、宣时期稷下学宫的先生们。这是一部富含先秦尤其是齐国优秀传统文化思想精华和道德精髓的精品著作。该书思想呈现出似儒似墨又非儒非墨的“杂”的状态，但这恰恰反映了春秋战国时期随着时代发展，作为地域文化的齐文化对作为母文化的周文化的继承和创造性转化，以及对当时诸子百家先进思想的吸收和发展。文化的融合性和创造性在《晏子春秋》中都能找到确切的证据。本书将晏子在《晏子春秋》及散布在中国古代其他一些著作中的部分富含闪光之处的言论，分门别类地摘选出来，让读者通过阅读晏子富含智慧的名言警句，进一步品读晏子的思想特点，领略中国传统文化的深厚魅

力和时代精神。

习近平总书记说:“中华文化源远流长,积淀着中华民族最深层的精神追求,代表着中华民族独特的精神标识,为中华民族生生不息、发展壮大提供了丰厚滋养。中华传统美德是中华文化精髓,蕴含着丰富的思想道德资源。不忘本来才能开辟未来,善于继承才能更好创新。”①如果我们把中国传统文化比作寥廓的星空,晏子的思想就是其中一颗熠熠生辉的明星。囿于学识浅陋,错谬之处在所难免,还请各位读者批评指正。

王玉喜

2016年5月于青岛

① 习近平:《把培育和弘扬社会主义核心价值观作为凝魂聚气强基固本的基础工程》,2014年2月26日《人民日报》。

目录

礼治篇

概述

晏子极为重视礼乐，反对率性而为的勇力，主张用礼乐制度来节制人的性情。他认为，人之所以比禽兽高贵，就在于人能行礼。礼乐制度和国家治理息息相关，礼是统治者御民的工具，乃“民之纪”。礼若出现混乱，统治者就无法控制万民。这一点和儒家的礼治主张是一致的。晏子以为，礼的最大功能不仅是奠定了君臣、父子、兄弟、夫妇之间的伦理关系，更重要的是，它能够匡正君主、卿大夫、官吏、四民之间的尊卑等级秩序。与儒家不同，晏子反对儒家“饰礼”“羡乐”“崇死”的做法，认为这都是败坏民风之行，这一点倒与墨家的思想类似。晏子的礼乐思想呈现出似儒似墨又非儒非墨的“杂”特点。晏子认为，制礼作乐的原则要以“尊君”“便民”为主导。所以，他提出施行礼治只要不逾越根本原则，细枝末叶可以便宜行事，即其所谓“大者不逾闲，小者可出入也”。重礼却不拘泥于礼的条条框框，这实为一种灵活、实用的礼治主张，也从侧面证明了齐文化灵活、实用的特证。

轻死[①]以行礼谓之勇，诛暴[②]不避强谓之力。故勇力之立也，以行其礼义也。汤武[③]用兵而不为逆，并国而不为贪，仁义之理也。

（《晏子春秋》卷一《内篇谏上》）

注释

①轻死：将死看得很轻，形容不畏惧死亡。

②诛暴：诛灭残暴之人。

③汤武：商汤和周武王。

译文

不畏惧死亡而又能依礼行事叫作勇敢，诛灭残暴之人又不惧强横叫作威力。所以，勇力之人能够立于世间，就是因为其能够践行礼义的缘故。商汤和周武王起兵讨伐暴君不是谋逆，兼并其他国家也非贪婪，这是因为他们的行为符合仁义的准则。

诛暴不避强，替罪[1]不避众，勇力之行也。

（《晏子春秋》卷一《内篇谏上》）

〈注释〉

①替罪：铲除罪人。替，废弃，这里引申为铲除。

〈译文〉

诛灭暴虐之徒而不畏强横，铲除罪人而不惧其强大，这才是有勇力的行为。

力多足以胜其长，勇多足以弑君[1]，而礼不使[2]也。禽兽以力为政，强者犯弱，故日易主[3]。今君去礼，则是禽兽也。群臣以力为政，强者犯弱，而日易主，君将安立矣！

（《晏子春秋》卷一《内篇谏上》）

〈注释〉

①勇多足以弑君：应为“勇多足以弑其君”，意为勇气大得足

以杀害他的君主。

②礼不使:不用礼。使,当为“便”之讹,适用。

③日易主:天天更换君主。

〈译文〉

力量大得足以战胜他的尊长,勇气大得足以杀害他的君主,这都是不用礼的缘故。禽兽以力量大小统治其同类,力量强大的欺凌弱小的,所以它们每天都在更换头领。现在君上若废礼而不用,这和禽兽的行为没有什么两样。群臣若以力量大小施政,强者侵犯弱者,而日易其主,君上将如何立足!

凡人之所以贵于禽兽者,以有礼也。

(《晏子春秋》卷一《内篇谏上》)

〈译文〉

人之所以比禽兽高贵,就是因为有礼。

夫乐亡而礼从之,礼亡而政①从之,政亡而国从之。

(《晏子春秋》卷一《内篇谏上》)

注释

①政：国家治理。

译文

音乐一旦衰亡，礼紧跟着也会消亡；礼义一旦消亡，国家治理就会出现混乱；治理一旦混乱，国家也就灭亡了。

古之明君，非不知繁乐[①]也，以为乐淫[②]则哀，非不知立爱[③]也，以为义失则忧。是故制乐以节[④]，立子以道。

（《晏子春秋》卷一《内篇谏上》）

注释

①繁乐：曲目复杂、名目繁多的乐曲。这里主要指偏离礼乐范围内的乐曲。

②淫：惑乱、放纵。

③爱：宠爱，这里代指宠爱的儿子。

④节：节制。

译文

古代的贤明君主，并非不喜好美妙的音乐，他们深知过度沉浸于乐曲之中，最终将导致悲哀的结局。并非不想

立自己宠爱的儿子为储君,他们知道立储之道一旦废弃,国家将会出现忧患局面。所以,贤明的君主制作乐曲有所节制,定立储君依据礼法。

夫礼者,民之纪①,纪乱则民失②,乱纪失民,危道③也。

(《晏子春秋》卷二《内篇谏下》)

注释

①纪:纲纪、法度。

②民失:即"失民",无法掌控百姓。

③危道:危国之道。

译文

礼是百姓的纲纪和法度。纲纪乱了,就无法掌控百姓。乱了纲纪,失去了对百姓的控制,会让国家陷入危险的道路。

事①君之道,导②亲于父兄,有礼于群臣,有惠于百姓,有信于诸侯,谓之忠;为子之道,以钟爱其兄弟,施行于诸父③,慈

惠于众子，诚信于朋友，谓之孝。

（《晏子春秋》卷二《内篇谏下》）

注释

①事：从事、做。

②导：引导、劝导。

③诸父：父之兄弟，即叔伯之类。

译文

做君主，要引导百姓对父兄家人相亲相爱，礼遇群臣，施惠于百姓，对诸侯有信义，这叫作忠。作为儿子要爱护兄弟，孝敬叔伯，慈爱子女，诚信待友，这就是孝。

明君之蓄[①]勇力之士也，上有君臣之义，下有长率之伦[②]，内可以禁暴，外可以威敌，上利其功，下服其勇，故尊其位，重其禄。

（《晏子春秋》卷二《内篇谏下》）

注释

①蓄：蓄养。

②长率之伦：长少之伦。率，疑为“少”之转音。伦，等级秩序。

〈译文〉

贤明的君主蓄养的果敢之士，于上有君臣尊卑大义，于下有长少之伦，对内可以禁止暴虐，对外可以威服敌国，君主得其功助，下民敬其勇气，所以国家尊其爵位、厚其俸禄。

大者不逾闲[①]，小者可出入也。

（《晏子春秋》卷五《内篇杂上》）

〈注释〉

①闲：本义为栅栏，此处引申为法则、规矩。

〈译文〉

只要在大的方面不逾越法则，小的方面就可以不拘泥于礼而有所出入。

人君无礼，无以临[①]其邦；大夫无礼，官吏不恭；父子无礼，其家必凶[②]；兄弟无礼，不能久同[③]。

（《晏子春秋》卷七《外篇上》）

注释

①临:统治。

②凶:凶乱,指家庭不和。

③同:和谐、和睦。

译文

君主不讲礼,就无法统治他的国家;大夫不讲礼,官吏就对他不恭敬;父子之间不讲礼,家庭就不和睦;兄弟之间不讲礼,就不能长久和睦相处。

君若无礼,则好礼者[①]去,无礼者至;君若好礼,则有礼者至,无礼者去。

(《晏子春秋》卷七《外篇上》)

注释

①好礼者:喜好讲习礼的人。

译文

君上如果不讲礼,那么喜好讲习礼的人就会离开朝廷,而不讲习礼的人就来了;君上如果讲习礼,那么好讲习礼的人就会来到朝廷,不讲习礼的人就离开了。

礼之可以为国也久矣,与天地并立。

(《晏子春秋》卷七《外篇上》)

译文

礼可以治国,由来已久,与天地同生。

君令①臣忠,父慈子孝,兄爱弟敬,夫和妻柔,姑慈妇听②,礼之经③也。君令而不违,臣忠而不二④,父慈而教,子孝而箴⑤,兄爱而友,弟敬而顺,夫和而义,妻柔而贞⑥,姑慈而从⑦,妇听而婉⑧,礼之质⑨也。

(《晏子春秋》卷七《外篇上》)

注释

①令:善、美。

②姑慈妇听:婆婆对儿媳慈爱,儿媳顺从婆婆。姑,此指丈夫的母亲,即婆婆。妇,已嫁女子的通称,此指儿媳。听,从、顺。

③经:大纲、主干。

④二:有二心,不专一。

⑤箴:谏。指自我规劝。

⑥贞:坚贞,有操守。

⑦从:和顺、安顺。

⑧婉:温婉、顺从。

⑨质:具体表现。

译文

君善臣忠,父慈子孝,兄爱弟敬,夫和妻柔,婆慈媳顺。这些是礼的大纲。君主善良而不邪恶,臣子忠诚而无二心,父亲慈爱而教导有方,儿子孝敬而能自我约束;兄长友爱而和蔼,弟弟恭敬而顺从,丈夫和气而有担当,妻子温柔而又坚贞,婆婆慈爱而和顺,媳妇听教而又温婉。这些是礼的具体表现。

夫礼,先王之所以临天下也,以为其民,是故尚之。

(《晏子春秋》卷七《外篇上》)

译文

礼,是先王君临天下,治理百姓的法宝,所以崇尚它。

自大贤之灭[①]，周室之卑也，威仪[②]加多，而民行滋薄[③]；声乐繁充，而世德滋衰。

（《晏子春秋》卷八《外篇下》）

注释

①灭：泯灭、离世。

②威仪：礼的仪式。

③薄：轻薄。

译文

自从圣贤离世、周王室衰微之后，礼的仪式越来越繁琐，但民风却越来越浇薄；乐的曲目也不断增加，但世人的德行却越来越败坏。

古者圣人，非不知[①]能繁登降之礼，制规矩之节，行表缀之数[②]以教民，以为烦人留日，故制礼不羡[③]于便事[④]；非不知能扬干戚[⑤]钟鼓竽瑟以劝众[⑥]也，以为费财留[⑦]工，故制乐不羡于和民；非不知能累世殚国以奉死[⑧]，哭泣处哀以持久也，而不为

者，知其无补死者而深害生者，故不以导民。

（《晏子春秋》卷八《外篇下》）

注释

①知：此字为衍文，当删去。

②表缀：为人表率。数：术也。

③羡：超出，指超过适当的限度。

④便事：便于行事。

⑤扬干戚：挥动斧头和盾牌的舞蹈。干，斧头。戚，盾牌。

⑥劝众：当为“观众”，指让百姓欣赏。

⑦留：迟延、缓慢。

⑧累世殚国以奉死：将世代积累的家产和国家财富用在丧葬上，这里指厚葬。殚，竭尽。

译文

古代的圣人，并不是不能增加礼仪的细节，制定规章制度，树立表率以教导百姓，而是认为这样做会使世人厌烦且耗费时日，所以制作礼仪以不妨碍百姓做事为限；圣人也并非不知拿舞蹈乐曲来让百姓欣赏，而是认为这样做浪费钱财又耽误劳作，所以制定乐曲以使百姓和乐为原则；圣人并非不能将世代积累的家产和国家财富用在丧葬

上,为死者长久地守丧哀痛,之所以不这样做,是因为这样做既不能使死者生还,又损害了生者的身心健康,所以不用厚葬来教导百姓。

在礼,家[①]施不及国,民不迁[②],农不移,工贾不变,士不滥[③],官不谄[④],大夫不收公利。

(《左传·昭公二十六年》)

注释

①家:大夫封邑,这里代指大夫。

②不迁:不迁移。这里指百姓安守本职。

③滥:失职。

④谄(tāo):怠慢。

译文

如果符合礼,大夫施舍财物不能超出自己的封邑而惠及国人,百姓安守本职,农人不迁移,工商职事不改变,士不失职,官吏工作不怠慢,大夫不侵占公家的利益。

君子无礼,是庶人[①]也;庶人无礼,是

禽兽也。夫臣勇多则弑其君，子力多则弑其长，然而不敢者，惟②礼之谓也。

(刘向《说苑·修文》)

注释

①庶人：平民，普通人。

②惟：只、仅。《晏子春秋》卷二《内篇谏下》作“维”。

译文

君子若没有礼，就和平民百姓一样了；平民百姓若没有礼，就和禽兽没有什么差别了。勇气足够多的大臣可以杀掉君主，力气足够大的人能够杀害他的官长，然而人们之所以不敢这么做，是因为有礼的约束呀。

礼者所以御民①也，辔②者所以御马也，无礼而能治国家者，婴未之闻也。

(刘向《说苑·修文》)

注释

①御民：统治百姓。御，驾驭车马，这里引申为统治。

②辔：驾驭牲口的缰绳。

译文

礼是用来统治百姓的，缰绳是用来驾驭马匹的，不提倡、施行礼而能治理好国家的，我从没听说过。

上若无礼，无以使其下；下若无礼，无以事其上。夫麋鹿唯无礼，故父子同麀[①]；人之所以贵于禽兽者，以有礼也。

（刘向《新序·刺奢》）

注释

①麀（yōu）：母鹿。

译文

上级若无礼，就无法命令下级；下级若无礼，就不会事奉上级。麋鹿不知礼，所以父与子共有一只母鹿；人之所以比禽兽高贵，就是因为有礼。

民本篇

概述

民本思想是晏子思想的精髓。晏子以为，统治者要取得民心，必须做到“以民为本”。其具体表现在省刑罚、减赋徭、恤孤独、赈灾荒等几个方面。晏子指出，君主欲长保国家就要做到“以事利民”，时时为百姓着想，施恩惠于百姓，民心才能归附。具体来看，君主应该做到“节养其余以顾民”，将节俭下来的开支用到百姓身上，这就是统治者“利民”的重要举措。君主只要将自己的私心私欲“推而与百姓同之”，那么即使是汤武盛世也不难达到。统治者“去私欲，存公心”是晏子民本思想的出发点。“公心”就是民心、民欲。统治者施政只要做到依据民心而行，就没有不成功的。收取民心，“安仁义而乐利世”，才能进一步“服天下”。

淫[①]于耳目，不当[②]民务，此圣王之所禁[③]也。

（《晏子春秋》卷一《内篇谏上》）

注释

①淫：淫乐、放纵。

②当：掌管、主持。

③禁：禁令、法令。

译文

放纵耳目之乐，不干涉百姓之事，这是古代圣王的法令。

明王不徒立[①]，百姓不虚至。今君以政乱国，以行弃民久矣，而声[②]欲保之，不亦难乎！

（《晏子春秋》卷一《内篇谏上》）

注释

①立：登君之位。

②声:声言。

译文

贤明的君王不会徒有王位,百姓也不会凭空拥戴他。现在君上以乱政败坏国家,以邪行置百姓于不顾已经很久了,却声言永远保有国祚,这不是很难吗?

今君游于寒涂[①],据[②]四十里之氓[③],殚财不足以奉敛,尽力不能周役[④],民氓饥寒冻馁,死胔[⑤]相望,而君不问,失君道矣。财屈[⑥]力竭,下无以亲上;骄泰奢侈,上无以亲下。上下交离,君臣无亲,此三代之所以衰也。

(《晏子春秋》卷一《内篇谏上》)

注释

①涂:通“途”,道路。

②据:占据。

③氓(méng):同“民”。

④周役:意指服完徭役。周,使……周全,引申为完成。

⑤胔(zì):尚存残肉的尸骨。

⑥屈:耗尽、穷尽。

译文

如今君上在寒冷的道路上巡游，住在都城临淄周围四十里内的百姓，就算倾尽家财也不够缴纳赋敛，即便穷尽力气也不能服完徭役，百姓挨饿受冻，大路上尚未腐烂的尸体一具接着一具，而君上却不加恤问，这就失去了做君主的原则了。搜刮尽百姓的家财，穷尽百姓的力气，百姓便不会亲附君上；骄纵奢侈，君上也不会体恤百姓。君民上下离心，君臣不相亲近，这就是三代衰亡的原因。

古之贤君饱而知人之饥，温而知人之寒，逸① 而知人之劳。

(《晏子春秋》卷一《内篇谏上》)

注释

①逸：安逸、闲逸。

译文

古代的贤明君主自己吃饱了，还会想着有些人在忍饥挨饿；自己穿暖了，还会想着有些人在忍受寒冷；自己安逸闲适之时，还会想着百姓在辛苦劳作。

赏无功谓之乱，罪不知谓之虐①。两者，先王之禁②也；以飞鸟犯先王之禁，不可！今君不明先王之制，而无仁义之心，是以从③欲而轻诛。夫鸟兽，固人之养也，野人④骇⑤之，不亦宜⑥乎！

（《晏子春秋》卷一《内篇谏上》）

注释

①虐：暴虐。

②禁：禁令、法令。

③从：同“纵”，放纵。

④野人：春秋时期平民阶层中的特殊群体，与“国人”相对。“国人”身份多是贵族之苗裔或没落者，享有的权利和政治地位较之“野人”要高。春秋后期，在社会观念中，“野人”逐渐成为无知、不懂礼仪和没有文化的平民的代名词。本文的意思即是后者。

⑤骇：惊吓。

⑥宜：应该。

译文

赏赐无功之人叫作乱，惩罚不知情的人叫作虐。这两条是先王立下的法令。因为飞鸟的缘故而惩罚百姓是违反了先王的禁令，这是不可以的。如今君上不明晓先王的规章制度，不怀仁义之心，这是放纵自己的私欲而轻率杀人。鸟兽，本来

就是人所养的,无知的百姓不小心把它惊跑了,不合乎情理吗?

夫民无欲残[1]其家室之生[2],以奉暴上之僻[3]者。

(《晏子春秋》卷二《内篇谏下》)

注释

①残:毁坏、损害。

②生:生计。

③僻:邪僻。这里指放纵性情的奢靡生活。

译文

百姓没有谁想毁掉自家生计,来供奉残暴君主的邪僻之行的。

寸之管无当[1],天下不能足之以粟。今齐国丈夫[2]耕,女子织,夜以接日,不足以奉上,而君侧皆雕文刻镂之观[3],此无当之管也,而君终不知。

(《晏子春秋》卷二《内篇谏下》)

注释

①当：器物的底。

②丈夫：成年男子的统称。

③雕文刻镂之观：代指一切奢侈品。雕文，雕刻花纹。刻镂，在器物或建筑上镂刻花纹、虫鸟及人物等图案。

译文

一寸粗的管子若没有底，就是用尽天下的粮食也装不满它。如今齐国男子耕作，女子纺织，夜以继日地劳作，也不能满足君上的挥霍，而君上身边都是雕文镂刻之物，这些奢侈的东西都是没有底的管子，而君上却始终不知道。

钟鼓成肆①，干戚②成舞，虽禹不能禁民之观。且夫饰③民之欲，而严其听④，禁其心，圣人所难也，而况夺其财而饥之，劳其力而疲之，常致其苦而严听其狱⑤，痛诛⑥其罪。非婴所知也。

（《晏子春秋》卷二《内篇谏下》）

注释

①肆：列。

②干戚:分别指斧头和盾牌。

③饰:通“饬”,整饬,引申为抑制。

④严其听:对百姓的听闻严加限制。

⑤严听其狱:严厉地判决诉讼之狱。听,判断、判决。

⑥痛:尽情、彻底。诛:惩罚。

译文

若排列起钟鼓等奏起乐来,挥动着斧头和盾牌跳起舞来,纵使大禹那样的贤明君主,也无法禁止百姓观看。再说,为政者抑制百姓的欲望,严格控制他们的听闻,即使是圣人也难以办到;何况又剥夺他们的财产而使其忍饥挨饿,役使他们而使其疲惫不堪,常常给他们带来痛苦而又严厉地判决他们的狱案,对于他们所犯的过错又给予重罚。这样的做法我真不能够理解。

穷民财力以供嗜欲谓之暴,崇玩好[①],威严拟[②]乎君谓之逆,刑杀不辜谓之贼,此三者,守国之大殃[③]。

(《晏子春秋》卷二《内篇谏下》)

注释

①崇玩好:推崇喜好玩乐。

②拟:比拟。

③殃：灾殃、灾祸。

〈译文〉

穷尽百姓的财力来供自己享乐，这叫暴虐；推崇自己的玩好，使自己像君主一样威严，这叫忤逆；杀害无辜之人，这叫残忍。这三件事，是守护国家的大忌和祸患。

春夏起役[①]，且游猎，夺[②]民农时，国家空虚[③]，不可。

（《晏子春秋》卷二《内篇谏下》）

〈注释〉

①起役：兴徭役，这里代指大兴土木工程。

②夺：耽误。

③国家空虚：指国家财力空虚。

〈译文〉

为政者若春夏时节大兴土木，并且游猎不止，妨碍百姓耕作，就会使国家财力空虚，不可以这样做。

君国者[①]不乐民之哀。君不胜[②]欲，既筑台矣，今复为钟[③]，是重敛[④]于民，民必哀

矣。夫敛民之哀，而以为乐，不祥，非所以君国者。

（《晏子春秋》卷二《内篇谏下》）

〈注释〉

①君国者：统治国家的君主。

②胜（shēng）：经得住、扛得住。

③钟，指古代一种敲击乐器编钟，青铜制，悬挂于架上以槌击发音。

④重敛：加重赋敛。

〈译文〉

统治国家的君主不以百姓的哀痛为乐。君上经不住欲望的驱使，既已修筑大台，如今又要铸造编钟，穷奢极欲，这样做就要加重对百姓的赋敛，百姓必定哀痛。聚敛百姓的哀痛，用来筑造自己的快乐，这是不吉利的事，不是一国之君应该做的。

明君必务[1]正[2]其治，以事利民[3]，然后子孙享之。

（《晏子春秋》卷二《内篇谏下》）

注释

①务:致力于。

②正:端正、修正。

③以事利民:做有利于百姓之事。

译文

贤明的君主必定致力于修正其政治,做有利于百姓的事情,然后子孙才能世代享有国家。

夫藏财而不用,凶也,财苟失守[①],下其报环至[②]。其次昧财[③]之失守,委[④]而不以分人者,百姓必进自分也。故君人者与其请于人,不如请于己也。

(《晏子春秋》卷二《内篇谏下》)

注释

①失守:一味死守。失,当为“矢”之讹误。

②下其报环至:百姓的抱怨随之而至。报,抱怨。环至,随之而来。

③昧财:为财所昧,被财货迷惑而昏昧无知。昧,愚昧、不明白。

④委:委积。

译文

只知道贮藏财物而不舍得使用，这并不是好的事情，因为一味死守着财物，百姓的抱怨也就随之而来。其次，被财货迷惑而昏昧无知，不知醒悟，委积财货却不把它们分给别人，百姓就会闯进来自己动手来瓜分。因此，一国之君如果打算长久延续其统治，与其求助于人，不如求助于自己。

丰乐侈游，兼傲① 生死，非人君之行也。遂② 欲满求，不顾细民③，非存之道。

（《晏子春秋》卷二《内篇谏下》）

注释

①傲：轻慢。

②遂：满、满足。

③细民：小民。

译文

过度奢侈玩乐，又轻慢百姓的生死，这并不是君主应有的德行。满足了自己的欲望和需求，却不顾及小民，这不是治国图存的办法。

生者不得安，命之曰蓄忧，死者不得葬，命之曰蓄哀。蓄忧者怨，蓄哀者危。

（《晏子春秋》卷二《内篇谏下》）

〈译文〉

让活着的人不安居，这叫作蓄积忧虑；让死了的人不能安葬，这叫作蓄积哀痛。蓄积忧虑就会引起百姓怨恨，蓄积哀痛就会导致国家危殆。

夫厚藉敛不以反[①]民，弃货财而笑左右，傲[②]细民之忧，而崇[③]左右之笑，则国亦无望已。且夫孤老冻馁，而死狗有祭，鳏寡不恤，死狗有棺，行辟[④]若此，百姓闻之，必怨吾君；诸侯闻之，必轻吾国。

（《晏子春秋》卷二《内篇谏下》）

〈注释〉

①反：通“返”，返还。

②傲：轻视。

③崇：看重。

④行辟：行为邪僻。

〈译文〉

横征暴敛却不把敛来的钱财用在百姓身上，浪费财物来换取左右的欢笑，不把百姓的忧愁当回事，却看重左右的欢心，如此国家就没有希望了。况且，孤儿和老弱忍冻挨饿，而一条死狗还享有祭祀；鳏夫和寡妇不去抚恤，而一条死狗还有棺材安葬。行为邪僻到这种程度，百姓听说了，必定会怨恨我们的君上；诸侯们听说了，必定轻视我们的国家。

谋度[①]于义者必得，事因于民者必成。

（《晏子春秋》卷三《内篇问上》）

〈注释〉

①度（duó）：揣度、估量，这里引申为相合。下句的“因”字义同此。

〈译文〉

谋划合于仁义则一定有所得，行事依据民意则一定能成功。

其谋也，左右无所系[①]，上下无所縻[②]，

其声不悖③，其实不逆④，谋于上，不违天，谋于下，不违民，以此谋者必得矣。事大则利厚，事小则利薄，称事之大小，权利之轻重，国有义劳⑤，民有如利⑥，以此举事者必成矣。

（《晏子春秋》卷三《内篇问上》）

注释

①系：羁绊、约束。

②縻（mí）：束缚，引申为约束。

③悖：违背、违反。

④逆：反。

⑤义劳："义"之繁体为"義"，与"羡"字形似，"劳"与"荣"字形似，陶鸿庆《读诸子札记》以为"义劳"为"羡荣"之误。羡荣，余荣，引申为好名声。

⑥如利："如"字系"加"字之讹。加利，增加好处。

译文

谋划事情，不受左右羁绊，也不被上下约束，名实相符，对上不违背天意，对下不违背民心，根据这些去谋划就一定能够有所得。谋大事就获大利，谋小事则获小利，根据事情的大小、利益的轻重去权衡，国家有好名声，老百姓有更多的福利，根据这些原则去做事就一定能够成功。

为君节[①]养[②]其余以顾民，则君尊而民安。

（《晏子春秋》卷三《内篇问上》）

〈注释〉

①节：节约、节制。

②养：供养，这里代指宫廷消费开支。

〈译文〉

君主节约宫廷开支，将多余的钱财用来惠待百姓，就会受到百姓的尊重，而百姓也就安居乐业了。

先民而后身，先施[①]而后诛[②]，强不暴弱，贵不凌贱，富不傲贫；百姓并进[③]，有司不侵，民和政平。

（《晏子春秋》卷四《内篇问下》）

〈注释〉

①施：施恩惠。

②诛：实施刑罚。

③并进:不论身份贵贱,百姓皆以贤能出仕。

译文

施政要先考虑百姓的利益得失,然后再考虑自己,先向百姓施恩惠,然后再论刑罚,强大者不欺压弱小者,高贵者不欺凌卑贱者,富有者不轻慢贫困者;百姓不论身份如何,只要有德才就能出仕,官府不侵害百姓的利益,百姓和乐而政治清平。

慢听[①]厚敛则民散……谨听节俭[②],众民之术也。

(《晏子春秋》卷四《内篇问下》)

注释

①慢听:轻率判案。听,听狱。

②节俭:节敛赋税,指赋敛有度。俭,“敛”之讹。

译文

判案轻率、赋敛繁苛,百姓就会四散逃亡……判案谨慎,赋敛有度,这才是让更多百姓归附的办法。

卑[①]而不失尊,曲[②]而不失正者,以民

为本也。苟持[3]民矣，安有遗道！苟遗民矣，安有正行焉！

（《晏子春秋》卷四《内篇问下》）

〈注释〉

①卑：身份和社会地位卑下。这里代指不居官位。

②曲：面对邪僻之君，委曲求全。这里代指侍奉邪僻之君。

③持：保有。

〈译文〉

地位低下而不失尊严，委身于昏聩之君却不失正气，这样的人总是把民众视为根本。假若能够做到保有民众，哪还有遗弃正道的说法！假若遗弃百姓，哪还有正直的品行啊！

意[1]莫高于爱民，行莫厚于乐民……意莫下于刻民[2]，行莫贱于害身[3]也。

（《晏子春秋》卷四《内篇问下》）

〈注释〉

①意："德"字之讹。

②刻民：苛虐百姓。

③身："民"字之误。

译文

众多品德中没有比爱护百姓更高尚的，诸多品行中没有比让百姓安乐更淳厚的……众多品德没有比苛虐百姓更差的品德，诸多品行没有比坑害百姓更下贱的行为。

君探雀鷇①，鷇弱，反②之，是长幼③也。吾君仁爱，曾④禽兽之加焉，而况于人乎！此圣王之道也。

（《晏子春秋》卷五《内篇杂上》）

注释

①鷇(kòu)：待哺的雏鸟。

②反：通“返”，返还。

③长幼：爱护幼者使其生长。

④曾：即使。

译文

君上掏取巢中待哺的鸟雀，看到雏鸟弱小，就把它送回了原巢，这是爱护幼者的表现啊。我们的君上仁爱，即使对禽兽也怜爱有加，何况是对人呢！这就是圣王治国之道啊。

君民[①]者，岂以陵民[②]，社稷[③]是主。

(《左传·襄公二十五年》)

注释

①君民：作为万民的君主。

②陵民：高居百姓之上。陵，高居……之上。

③社稷：代指国家。社，土地庙。稷，谷神庙。

译文

作为万民的君主，难道仅仅是凌驾于百姓之上吗？他的责任主要是治理国家。

由君之意，自乐之心，推而与百姓同之，则何殣[①]之有！君不推此，而苟营内好私，使财货偏有所聚[②]，菽粟币帛腐于囷府[③]，惠不遍加于百姓，公心不周乎国，则桀纣之所以亡也。

(刘向《说苑·至公》)

注释

①殣：饿死之人。

②偏有所聚：财货不惠及万民，仅聚敛起来为私有。

③囷(qūn)府:仓库。囷,圆形的谷仓。府,储藏财物或文书的地方。

〈译文〉

由君上的喜好,自己追求重乐的想法,推而广之与百姓同乐,哪里还有饿死之人!君上若不推己及人,与百姓同乐,而仅仅是专心宫内之事,满足自己的私欲,使得财货只聚敛起来为私有,粮食和币帛都腐烂在仓库里,恩惠不遍及百姓,公心不遍及各诸侯国,这就是桀纣之所以亡国的原因。

夫士民之所以叛,由偏[1]之也。

(刘向《说苑·至公》)

〈注释〉

①偏:有私心而无公心,这里指君主聚敛民财为己有而不分给士民。

〈译文〉

士人百姓之所以叛乱,主要是君上只有私心私欲而无公心所致。

夫乐[1]者上下同之,故天子与天下,诸

侯与境内，自大夫以下各与其僚②，无有独乐。今上乐其乐，下伤其费，是独乐者也，不可。

(刘向《说苑 · 贵德》)

注释

①乐：快乐。

②僚：小吏，这里可能也包括大夫封邑内的人民。西周、春秋时期，大夫为贵族，不屑于从事具体的行政工作，而将之委托给僚属来处理。

译文

快乐要上下共享。所以天子要与天下人同乐，诸侯要与国内之民同乐，自大夫以下要与吏民同乐，没有独自享乐的。如今君上享有快乐，却以消耗百姓的资财为代价，这是独自一人享乐，不可以这样做。

任人篇

概述

晏子主张施政“尚贤”，重用贤人来治国，认为善于治理国家的统治者在施政用人方面都是“举贤官能”。任用贤人治理国家，百姓也会跟着向善。晏子指出，寻求贤人要仔细考察他的一言一行，不要因为别人的评价而随便肯定或否定一个人。辨别贤能与否，关键要看他在不同处境中的所为和不为。要对贤人“举之以语，考之以事，能谕”，然后才可“尚而亲之”。对贤人要委以重任，“与言信，必顺其令，赦其过”，听之信之，不要苛责他的小过失，“任人之长，不强其短，任人之工，不强其拙”，这是“任人之大略也”。晏子的“尚贤”主张是其政治思想的关键一环，与其“去奸”思想是二位一体的。晏子认为，奸邪之徒主要包括君之“左右”和“用事者”。他将君之“左右”比作“社鼠”，“用事者”比作“猛狗”。他们之所以难以铲除，就是因为有君主的庇护。君主之所以宠信奸邪之辈，主要是因为他们外饰忠信，内怀奸诈，具有一定的迷惑性。君主重用他们，不但国家会陷入混乱，而且君主自身都有被弑的危险。因此，贤明的君主在“尚贤”的同时，更要“去奸”。

举贤以临国，官能以敕[1]民，则其道也。举贤官能，则民与若[2]矣。

（《晏子春秋》卷三《内篇问上》）

注释

①敕：通"饬"，治理、管理。

②若：疑为"善"字之讹。

译文

举荐贤良让他们治理国家，授予有才能的人官职，让他们管理百姓，这就是治国之道。若举荐贤良并授予有才能的人官职，那么百姓也就跟着向善了。

观之与其游[1]，说之与其行，君无以靡曼辩辞[2]定其行，无以毁誉非议定其身，如此，则不为行[3]以扬声，不掩欲以荣[4]君，故通[5]则视其所举，穷则视其所不为，富则视其所不取[6]。夫上士，难进而易退也；其次，易进易退也；其下，易进难退也。以此

数物[⑦]者取人，其可乎。

(《晏子春秋》卷三《内篇问上》)

〈注释〉

①游:交游的人。

②靡曼辩辞:华丽巧辩之辞。

③为行:伪行。为,通“伪”。

④荣:迷惑。“荣”读为“营”,营,惑也。“荣”与“营”古字相通,说见王引之《经义述闻》。

⑤通:通达、显达。

⑥富则视其所不取:王念孙《读书杂志》曰:“案‘富’与‘贫’对。《治要》作‘富则视其所分,贫则视其所不取’是也。今本脱‘分’字及‘贫则视其所以’五字,则文不成义。”今从王说。

⑦物:事。

〈译文〉

任用官员,要观察与他交往的人,观察他的言行。君上不要单凭一个人的巧言令色去判断他的品行,也不要以别人对一个人的诋毁和诽谤去判定他的好坏,这样,人们就不会伪装自己的行为去抬高自己的名声了,也不会掩盖自己的欲望来迷惑君上了。所以当他显达时要观察他推举何人,当他困顿时要观察他不愿去做的事,当他富有时就要看他把财物分给何人,当他贫困时就要观察他不愿意索取之物。上等的士,难以请出仕而容易辞职;次等的士,

容易请出仕但也容易辞职；下等的士，容易请出仕而难以辞职。通过以上几种情况来选择贤人，就可以了。

其政任贤①，其行爱民。

（《晏子春秋》卷三《内篇问上》）

注释

①贤：贤能。

译文

为政者在施政上要选贤任能，在具体行动上要爱护百姓。

地不同生①，而任之以一种，责②其俱生不可得；人不同能，而任之以一事，不可责遍成。责焉无已，智者有不能给，求焉无餍，天地有不能赡③也。

（《晏子春秋》卷三《内篇问上》）

注释

①生：通“性”，性质，这里指土质。

②责：要求。

③赡：供给、满足。

〈译文〉

土地的土质不同，却都种植一种作物，而要求它们都能茁壮生长是不可能的；人的才能不同，却委任每个人做同一类事，要求他们都能做好也是不可能的。要求没完没了，再有智慧的人也办不到；贪得无厌，天地也有供不应求的时候。

明王之任人，谄谀不迩[①]乎左右，阿党[②]不治乎本朝；任人之长，不强[③]其短，任人之工[④]，不强其拙。此任人之大略[⑤]也。

（《晏子春秋》卷三《内篇问上》）

〈注释〉

①迩：近、接近。

②阿党：阿附朋党、结党营私。

③强：勉强。

④工：擅长。

⑤大略：大概。

〈译文〉

贤明的君主任用人，谄谀之辈不留在身边，结党营私

的人不让他们参与治理国家事务;任用人的长处,不苛求人的短处;任用人擅长的巧处,不苛求他的拙处。这就是用人的大概原则。

君得臣而任使之,与言信,必顺其令[①],赦其过。任大[②]无多责焉,使迩臣无求嬖[③]焉,无以嗜欲贫其家,无亲谗人伤其心,家不外求而足,事君不因人而进,则臣和矣。

(《晏子春秋》卷三《内篇问上》)

〈注释〉

①令:善。

②任大:当作“任大臣”,选择、任用大臣。

③嬖(bì):宠信。

〈译文〉

君主得到贤臣就要重用他们,和他们谈话要讲信用,听从他们的善言,赦免他们的过失。任用大臣不要过多地苛责他们,任用近臣不要重用宠信的人,不要因为自己的嗜好和欲望让臣子穷困不堪,不要宠信谗佞之辈而伤害了臣子的忠心,要让他们的生活不向外求助就能满足需要,

侍奉君主的人不要因人情而进升，那么君臣之间就和睦了。

举之以语，考之以事，能谕[①]，则尚[②]而亲之，近而勿辱以取人，则得贤之道也。是以明君居上，寡其官而多其行，拙于文而工于事，言不中不言，行不法[③]不为也。

（《晏子春秋》卷三《内篇问上》）

注释

①谕：晓谕治国之道。

②尚：尊重。

③法：合规范、法规。

译文

对于选拔人才，要观察他的言论，再考察他的办事能力，还要了解他们能否晓谕治国之道，若是贤才，就尊重而亲近他。对贤能之人要亲近他，但不要侮辱他。这就是得到贤人的办法。所以贤明的君主高居上位，所设官职不多，但是干的事情多，贤人不善巧辩之辞而工于做事，言语不中肯不去说，行为不合法规不去做。

诸侯并立，善而不怠者为长；列士并学，终善者[1]为师。

(《晏子春秋》卷四《内篇问下》)

注释

①终善者:终能持善者。

译文

诸侯并立之时，能始终坚持善行的人才能成为诸侯之长；众多的士人在一起学习，能够将善坚持到底的人才能成为他人之师。

乐贤而哀不肖[1]，守国之本也。

(刘向《说苑·贵德》)

注释

①不肖:无德才之人，这里指百姓。

译文

(君主)亲近贤能之士而又怜悯百姓，这是守住国祚的根本。

圣王论功而赏贤，贤者得之，不肖者失之，御德[①]修礼，无有荒怠。

（《晏子春秋》卷七《外篇上》）

注释

①御德：进德。御，进。

译文

贤明的君王依照功劳大小赏赐贤能，贤能的人得到赏赐，不肖之辈则得不到赏赐，因而大家都尊崇贤德、讲习礼乐，没有荒疏、懈怠的。

明君望[①]圣人而信其教，不闻听谗佞以诛赏。

（《晏子春秋》卷一《内篇谏上》）

注释

①望：仰望，引申为仰慕。

译文

贤明的君主仰慕圣人而信奉他们的教诲，没有听说以所听信的谗佞之语来决定诛杀与赏赐的。

故内宠之妾，迫夺于国[①]，外宠之臣，矫夺[②]于鄙，执法之吏，并荷[③]百姓。民愁苦约[④]病，而奸驱尤佚[⑤]，隐情奄[⑥]恶，蔽谄[⑦]其上，故虽有至圣大贤，岂能胜若谗哉！是以忠臣之常有灾伤也。

(《晏子春秋》卷一《内篇谏上》)

注释

①国：国都。

②矫夺：矫传君令，强行夺取。

③荷：通"苛"，苛刻、虐待。

④约：贫困。

⑤奸驱尤佚：隐藏的奸人更加凶狠。奸驱，奸慝。尤佚，尤溢，更加过分、猖狂。

⑥奄：同"掩"，掩盖。

⑦谄：当为"谄"，迷惑。

译文

所以宫内受宠幸的妻妾在国都放肆掠夺，受宠幸的封疆大吏在地方上矫传君令强取豪夺，执法的官吏与之一起苛虐百姓，百姓忧愁困苦，贫病交加，而隐藏的奸人更加猖

狂，隐蔽实情，掩盖罪恶，蒙蔽、欺骗君上，所以即使有至圣大贤，又岂能经受得起这些进谗之人的诋毁呢！所以忠臣常常罹遭灾祸。

五尺[①]童子，操寸之烟[②]，天下不能足以薪。今君之左右，皆操烟之徒，而君终不知。

（《晏子春秋》卷二《内篇谏下》）

〈注释〉

①五尺：先秦一尺合今 23 厘米左右，五尺仅一米多点。

②烟："熛"字之讹，此指小火把。

〈译文〉

五尺高的儿童，手持一寸左右的小火把，全天下的柴都不够它烧。现在君上左右的侍臣，都是拿着小火把的人，而您始终没有意识到。

行公正而无邪，故谗人不得入；不阿党[①]，不私色[②]，故群徒[③]之卒不得容；薄身厚民，故聚敛之人不得行。

（《晏子春秋》卷三《内篇问上》）

注释

①不阿党:不阿附私党。阿,阿附。

②不私色:不偏爱宠臣。私,偏爱。

③群徒:结党营私之辈。

译文

君主品行公正而不邪僻,所以谗佞之人不能入朝为官;不偏私朋党,不偏爱宠臣,所以结党营私之辈在朝中无法容身;自身节俭却厚待百姓,所以聚敛民财的人不能横行。

夫社①,束木而涂②之,鼠因往托③焉,熏之则恐烧其木,灌之则恐败其涂,此鼠所以不可得杀者,以社故也。夫国亦有焉,人主左右是也。内则蔽善恶于君上,外则卖权重④于百姓,不诛之则乱,诛之则为人主所案据⑤,腹而有之⑥,此亦国之社鼠也。人有酤⑦酒者,为器甚洁清,置表⑧甚长,而酒酸不售,问之里人其故,里人云:“公狗之猛,人挈⑨器而入,且酤公酒,狗迎而噬⑩之,此酒所以酸而不售也。”夫

国亦有猛狗，用事者是也。有道术⑪之士，欲干万乘之主，而用事者迎而龁⑫之，此亦国之猛狗也。左右为社鼠，用事者为猛狗，主安得无壅⑬，国安得无患乎？

（《晏子春秋》卷三《内篇问上》）

注释

①社：土地神。此处指祭祀土地神的庙宇。

②涂：用泥涂抹。

③托：托身其中。

④权重：权势。重，权。

⑤案据：安定，这里引申为庇护。

⑥腹而有之：恩厚而亲友之。

⑦酤：卖酒。

⑧表：酒旗，古代酒店悬挂的招牌，用以招徕顾客。

⑨挈（qiè）：持、拿。

⑩噬：咬。

⑪道术：道德学术，这里主要指治国之术。

⑫龁（hé）：咬。

⑬壅：壅塞、蒙蔽。

译文

社庙的墙是由一排排的木头树立起来涂上泥巴而建成的，老鼠因此在下面打洞托身，用火熏它，就怕烧坏了这

些木头,用水灌又怕把墙上的泥巴给冲掉。老鼠不能灭掉,主要就是为了保全社庙。国家其实也有社鼠,人君左右的近臣就是。这些左右的侍臣在朝中蒙蔽君主,使君主善恶不分,在外就仰仗权势而欺压百姓,不诛杀他们,国家就要出现混乱的局面;诛杀他们,君主就出面庇护他们。所以这些人是国家的社鼠。有个卖酒的人,酿酒的器具都很干净,门外的酒旗高悬而醒目,然而他的酒酸了也卖不出去,询问其同里的人这是什么缘故,同里的人说:"他家的狗很凶猛,有人提着酒器来买他的酒,他的狗就猛扑上去咬人,所以他的酒变酸了也卖不出去。"国家也有凶猛的狗,当权者就是。有治国才能的人,要来谒见万乘之国的君主,而那些当权者却迎上去咬人,所以这些当权者就是国家的猛狗啊。身边的左右近臣是社鼠,当权者是猛狗,君主怎么能够不受蒙蔽,国家哪能没有忧患呢?

为君,厚藉敛而托①之为民,进谗谀而托之用贤,远公正而托之不顺②,君行此三者则危。

(《晏子春秋》卷三《内篇问上》)

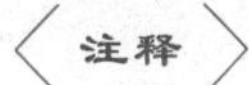

注释

①托:托辞。

②顺:恭顺。

译文

作为君主，横征暴敛却托辞为了百姓，任用谄谀之人却托辞任用贤能，疏远公正之人却托辞他们对自己不恭顺，君主如若做了这三种事就很危险。

善人不能戚[①]，恶人不能疏者危。

（《晏子春秋》卷三《内篇问上》）

注释

①戚：亲近。

译文

不能亲近贤能，又不能疏远谗佞之徒，这样的人处境会很危险。

明言行之[①]以饰身，伪言无欲以说[②]人，严其交[③]以见其爱，观上之所欲，而微为之偶[④]，求君逼迩[⑤]，而阴为之与[⑥]；内重爵禄，而外轻之以诬行[⑦]，下事左右，而面示正公[⑧]以伪廉；求上采听，而幸[⑨]以求进；傲禄[⑩]以求多，辞任[⑪]以求重；工[⑫]乎取，鄙

乎予;欢乎新[13],慢乎故;吝乎财,薄乎施;睹贫穷若不识,趋利若不及[14];外交以自扬,背亲以自厚;积丰义[15]之养,而声矜恤之义;非[16]誉乎情,而言不行身,涉时所议,而好论贤不肖;有之己,不难非之人,无之己,不难求之人;其言强梁[17]而信;其进[18]敏逊而顺,此佞人之行也。明君之所诛,愚君之所信也。

(《晏子春秋》卷三《内篇问上》)

注释

①行之:行止。之,读"止"。

②说:同"悦",取悦。

③严其交:尊重君主的宠臣。严,尊敬。

④偶:合。

⑤逼迩:君主左右的宠臣。

⑥与:结交。

⑦诬行:欺罔。

⑧正公:公正。

⑨幸:侥幸。

⑩傲禄:轻视利禄。

⑪辞任:以不胜任为借口。

⑫工:擅长。

⑬欢乎新:讨好君主新近的宠臣。新,君主新近宠信之人。

⑭趋利若不及:追逐利益唯恐不及。

⑮丰义:“羡”与“义”的繁体“義”形似,故“丰义”当为“丰羡”,意为丰饶。

⑯非:同“诽”,诽谤。

⑰强梁:强横、凶暴。

⑱进:进身、进仕。

〈译文〉

有些大臣明言自己的行止以装饰自己,假称自己没有私欲以取悦于人,对友人要求很严以示爱护;私下里观察君主的欲求,而暗地里与其偶合,探听君主亲近的人,暗中与他们交往;内心看重爵禄,表面上却一副轻视的样子来欺骗世人;和左右共事时,表面上表现得廉洁公正,实则以此来赚取美名;寄希望于君主采纳自己的意见,侥幸求得晋升;轻视俸禄以求多得,以不胜任为借口辞去本职以求更重要的职位;善于敛取钱财,却吝啬给予;讨好新近得宠之人,却慢待宿旧大臣;吝惜财物,很少施舍;看到贫穷的亲友无动于衷,追逐利益却唯恐不及;对外结交邻国以扬名,背弃至亲以为自己谋取厚利;积聚了丰饶的家财,而声称自己有怜贫恤苦的美德;诽谤或赞誉他人全凭私意,自己说过的话从未兑现;涉及当世的评议,总喜欢评论他人贤与不贤;自己能做到的,就拿来责备没有做到的人;自己没有做到的事情,却不妨碍他们要求别人做到。他们说话

强横而又刚愎自用，进身出仕却敏捷而谦逊顺利。这就是奸佞之人的一贯作为。贤明的君主责罚他们，昏聩的君主信任他们。

昔吾先君桓公，从车①三百乘②，九合③诸侯，一匡④天下者，左有鲍叔⑤，右有仲父⑥。今君左为倡⑦，右为优⑧，谗人在前，谀人在后，又焉可逮⑨桓公之后者乎？

（《晏子春秋》卷四《内篇问下》）

注释

①从车：跟随的车。从，跟随。

②乘（shèng）：古代兵车单位，一乘为一车四马。

③合：纠合、召集。

④匡：匡正。

⑤鲍叔：即鲍叔牙，齐大夫。

⑥仲父：即管仲。齐桓公尊仲为仲父，以示亲之若父。

⑦倡：歌舞者。

⑧优：耍杂技者。

⑨逮：赶上、追上。

译文

从前齐国的先君齐桓公，跟随他的车只有三百乘，然

而他却多次召集诸侯会盟，匡正天下，是因为左有鲍叔牙，右有管仲的辅佐。如今君上左右尽是歌舞杂耍之人、谗佞之人及阿谀之人，又怎么能赶得上桓公呢？

夫逼迩[①]于君之侧者，距[②]本朝之势，国之所以治[③]也；左右谗谀，相与塞善，行之所以衰也！士者持禄[④]，游者养交[⑤]，身之所以危也。

（《晏子春秋》卷四《内篇问下》）

〈注释〉

①逼迩：在……左右。

②距：同“拒”，对抗。

③治：当为“殆”字之误，危险。

④持禄：保有禄位。

⑤养交：培养交情，以成朋党。

〈译文〉

那些在君上身边的人恃宠专权，抵制朝中持有正确意见的重臣，这就是国家所以危殆的原因；左右近臣只会进献谗言，阿谀奉承，相互勾结，堵塞言路，这就是造成德行

衰败的原因;士大夫只知贪恋禄位,四方游士只知结交权贵,这就是君主身遭危难的祸根。

邪人则不然。用于上则虐民,行于下则逆上;事君苟进不道[1]忠,交友苟合不道行;持谀巧以正[2]禄,比[3]奸邪以厚养;矜[4]爵禄以临人,夸礼貌以华[5]世,不任于上则轻议,不笃于友则好诽。故用于上则民忧,行于下则君危,是以其事君近于罪,其交友近于患,其得上辟[6]于辱,其为生偾于刑[7],故用于上则诛,行于下则弑。是故交通[8]则辱,生患则危,此邪人之行也。

(《晏子春秋》卷四《内篇问下》)

〈注释〉

①道:导。

②正:当作"匄",乞求。

③比:勾结。

④矜:炫耀。

⑤华:通"哗",哗众取宠。

⑥辟:通“僻”,偏也。

⑦其为生偾(fèn)于刑:当他为理刑狱的士时就败坏刑罚。生,当作“士”,掌管刑狱之官。偾,败坏。

⑧交通:结交、来往。

译文

邪恶之人的行为不同于贤人。他们在朝中得到重用时就残害百姓,穷处民间就欺君罔上;服事君主只求升官发财而不行忠君之事,结交朋友只讲曲意迎合而不倡导德行;凭着阿谀巧言来求取利禄,勾结奸邪之徒来谋求富贵;炫耀爵禄而轻视众人,夸耀自己的仪容来哗众取宠;不被君主任用就在下面散布谣言非议君上,不忠实于朋友而喜好诽谤他人。如此,当他受君上重用之时,老百姓就忧心忡忡;当他在民间时,君主就危险了。因此,他侍奉君主就会祸国殃民,走向犯罪,结交朋友则会出卖朋友,终而产生祸患,当他受宠时偏做邪僻之事,当他掌管刑狱时就败坏刑罚。因此,这样的人被君主重用就杀戮下民,在下面为民时就图谋弑杀君主。所以,与其结交就会带来耻辱,惹出祸患就会危及自身。这是邪恶之人的行径。

佞人谗夫①之在君侧者,好恶②良臣,

而行与[3]小人,此国之长患也。

(《晏子春秋》卷七《外篇上》)

〈注释〉

①佞人:善于阿谀奉承之人。谗夫:经常向君主进献谗言的人。

②恶:诬蔑、中伤。

③与:与……结党。

〈译文〉

阿谀奉承、进献谗言的人在君主身边,喜欢中伤忠良之臣,而与小人朋比为奸,这是国家长期存在的祸患。

夫能自周[1]于君者,才能皆非常也。夫藏大不诚[2]于中者,必谨小诚[3]于外,以成其大不诚,入则求君之嗜欲能顺之,公怨良臣,则具其往失而益之,出则行威以取富。夫何密近,不为大利变,而务与君至义者也?

(《晏子春秋》卷七《外篇上》)

〈注释〉

①周:亲近。

②大不诚:大奸。

③小诚:小忠小信。

〈译文〉

要说那些能够与君主亲近的人,他们的才能非比寻常。(他们)能把大奸大恶隐藏在心里,谨慎地表现出小忠小信,以成就其大奸大恶之举。在朝廷就探求君主的喜好而主动顺从他,君主如果埋怨忠良之臣,他们就添油加醋地列举他以往的过失,来增加君主对他的怨恨。他们走出宫廷就狐假虎威,猎取财富。这些人和君主朝夕相处,有谁能面临大的利益却不动摇,而一心一意与君主走正义之道呢?

国有三不祥[①]……夫有贤而不知,一不祥;知而不用,二不祥;用而不任,三不祥也。

(刘向《说苑·君道》)

注释

①不祥:不吉利的事。

译文

治理国家有三种不吉利的事……有贤能的人却不知道,这是第一种不吉利的事;知道有贤能的人却不任用他们,这是第二种不吉利的事;任用贤能却不能重用他们,这是第三种不吉利的事。

臣道篇

概述

晏子作为齐国的贤大夫，对怎样做一名合格的大臣有自己的切身体会。他认为，作为臣子，要尽心竭力地辅佐君主，这就是忠君。大臣忠于职守，这是分内之事，精明强干却不能逾越本职之事，否则就会出现大臣专权的局面。忠臣事君，一片公心。大臣在君主面前，不能掩盖君主的过失，要及时进谏、规劝君主。臣子举荐贤能不徇私情，自己有多少才能就拿多少俸禄，即所谓“称身就位，计能定禄”。臣子在位，要辅佐君主安国和民；臣子退处，要“莅修变人”，修己之德，教化百姓。晏子指出，大臣忠心事奉君主的前提是，君主要有为社稷服务和献身的公心。若君主只有私心私利，那么即使出现弑君或君主出奔国外的现象，臣子也没有从死或追随君主逃亡的义务。在晏子的思想中，社稷就是民的集合。晏子的忠君思想中也包含着“民本”的内核。

臣专[①]其君，谓之不忠。

（《晏子春秋》卷二《内篇谏下》）

注释

①专：专宠。

译文

臣子让君主专宠他一人，叫作不忠。

为臣忠信而无逾[①]职业[②]，则事治而身荣。

（《晏子春秋》卷三《内篇问上》）

注释

①逾：逾越、超出。

②职业：职守所在。

译文

作为臣子只要忠诚于国家，守信于人，做事不逾越职权范围，就能把工作做好，自身还能获得荣耀。

为臣，比周[①]以求进，逾职业，防下[②]隐利[③]而求多，从君，不陈过而求亲，人臣行此三者则废。

（《晏子春秋》卷三《内篇问上）

注释

①比周:结党营私。

②防下:防遏下民。

③隐利:隐藏私利。

译文

作为臣子，结党营私以谋求高官厚禄，逾越职守，防范下民，隐藏私利而贪得无厌，侍奉君主，不规劝君主的过失而求其亲近。人臣若要做这三件事就要被罢黜。

言而见用，终身无难，臣奚死焉；谋而见从，终身不出，臣奚送焉。若言不用，有难而死之，是妄死[①]也；谋而不从，出亡[②]而送之，是诈伪也。故忠臣也者，能纳善于君，不能与君陷于难。

（《晏子春秋》卷三《内篇问上》）

注释

①妄死：虚妄而死、白死。

②出亡：出奔流亡。

译文

如果忠臣的谏言被采纳，君主终身都不会有灾难，大臣怎么会死呢？如果好的谋略被采纳，君主终身不用出奔，臣下又怎会送君主出奔呢？如果忠臣的谏言不被采纳，君主遭了难，臣下为君主殉死，这是白死；如果忠臣的谋划不被听从，君主出国流亡而去送行，这是虚情假意。因此，作为忠臣，应进善于君主，而不是与君主共同陷于危难而从死。

不掩君过，谏乎前，不华①乎外；选贤进能，不私②乎内；称③身就位，计能定禄；睹贤不居其上，受禄不过其量；不权居④以为行，不称位以为忠；不揜⑤贤以隐长，不刻下以谀上；君在不事太子，国危不交诸侯；顺则进，否则退，不与君行邪也。

（《晏子春秋》卷三《内篇问上》）

注释

①华：通“哗”，喧哗。

②私：徇私。

③称：相符、适合。

④权居：当为“权君”，揣测君意，投其所好。

⑤揜：掩盖。

译文

为臣者不掩饰君主的过失，在君主面前直言进谏，在外面不散播君主的过失；举荐贤能，不徇私情；量其才能而任以职位，以其才能受俸禄；看见贤能的人不高居其上，所受的俸禄不超过应得的数量；不揣测君意而投其所好，不以位卑而不任天下之重。不掩盖贤能而隐瞒别人的长处，对下不苛刻，对上不阿谀奉承；君主健在时不事奉太子，国家危难时不暗中结交诸侯；顺意时就进身出仕，否则就告退辞职，不和君主一起做邪僻之事。

士逢有道之君，则顺其令；逢无道之君，则争[①]其不义。故君者择臣而使之，臣虽贱，亦得择君而事之。

（《晏子春秋》卷三（《内篇问上》）

注释

①争:同“诤”,规劝。

译文

士人若逢有道之君,就顺从他的命令;若遇到无道之君,就规劝他不要做不义之事。所以君主要选择好的臣子来任用,臣子地位虽卑贱,但也可以选择好的君主来事奉。

见善必通①,不私其利;庆善②而不有其名;称身居位,不为苟进;称事授禄③,不为苟得;体贵侧④贱,不逆其伦;居贤不肖⑤,不乱其序;肥利之地,不为私邑;贤质之士,不为私臣⑥;君用其所言,民得其所利,而不伐⑦其功。此臣之道也。

(《晏子春秋》卷四《内篇问下》)

注释

①通:推而广之。

②庆善:当为“荐善”,举荐贤能。

③称事授禄:权己之功而受俸禄。授,当为“受”,接受。

④侧:同“厕”,列。

⑤居贤不肖：贤与不肖各得其所。

⑥私臣：大夫之家臣。

⑦伐：夸耀。

译文

遇到好事必定推而广之，不独享好处；举荐贤能而被任用，不贪求荐贤的美名；根据自己的才能，担任适当的职位，不苟求晋升；按照自己的职事接受相应的俸禄，不贪求非分所得；分序尊卑，不僭越伦常；安置贤能的人与不贤之人，使他们各得其所；肥饶之地，不求为私人封邑；不使贤能之人屈充自己的家臣；君主采纳自己的意见，百姓由此得到实惠，而不夸耀自己的功劳。这些就是为臣之道。

事明君者，竭心力以没其身，行不逮[①]则退，不以诬[②]持禄。事惰君者，优游[③]其身以没其世，力不能则去，不以谀持危。……君子之事君也，进不失忠，退不失行。不苟合以隐忠，可谓不失忠；不持利以伤廉，可谓不失行。

（《晏子春秋》卷四《内篇问下》）

注释

①不逮：不及。

②诬：本义为“罔”，迷惑。这里指无能而居官。

③优游：从容不迫，悠然自得。这里指尽忠职守，做好自己该做的事。

译文

事奉贤明的君主，应尽心竭力，死而后已，若德行不够就自行引退，不能妄取俸禄，尸位素餐；事奉怠惰的君主，要独善其身，过完一生，若力不胜任就离开，不要阿附权贵而陷自己于危难之中……君子事奉君主，要做官就不丧失忠诚，要引退就不丧失品行。不同流合污、违背良心，才谈得上不失忠心；不谋取私利而损伤廉正，不失品行。

事君之伦①，知虑②足以安国，誉厚足以导民，和柔足以怀众，不廉上以为名③，不倍④民以为行，上也；洁于治己，不饰⑤过以求先，不谗谀以求进，不阿以⑥私，不诬所能，次也；尽力守职不怠，奉官从上不敢隋⑦，畏上故不苟⑧，忌罪故不辟⑨，下也。三者，事君之伦也。

(《晏子春秋》卷四《内篇问下》)

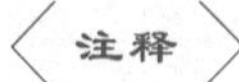

注释

①伦：道理。

②知虑:即智虑,智慧和谋思。知,通“智”。

③不廉上以为名:不向君主表现自己廉洁来赚取好名声。

④倍:同“背”,违背。

⑤饰:欺饰。

⑥以:当为“所”。

⑦隋:同“惰”,懒惰、懈怠。

⑧苟:苟且。

⑨不辟:不犯刑法。辟,刑。

译文

事奉君主有以下几种做法:智多谋广能够安邦定国,德高望重能够教导百姓,温和柔慈足能招徕众人,不向君主表现自己廉洁来赚取好名声,不违背民意而推行错误的政令,这是上等的做法;洁身自好、严于律己,不文过饰非以逞强争先,不以毁谤他人、谄媚君上而求得提拔重用,不为自己喜爱的人而徇私情,也不吹嘘夸大自己的能耐,这是次等的做法;尽力做好本职工作而不敢有所懈怠,在官位上不敢懒惰,敬畏君主而不敢苟且行事,因害怕刑罚,所以不敢违法,这是下等的做法。以上三种做法,就是事奉君主的基本道理。

事亲孝,无悔往行,事君忠,无悔往辞;和于兄弟,信于朋友,不谄[1]过,不责

得[②]；言不相坐[③]，行不相反；在上治民，足以尊君，在下莅修[④]，足以变人[⑤]，身无所咎，行无所创；可谓荣矣。

（《晏子春秋》卷四《内篇问下》）

注释

①谣(tāo)：隐瞒、掩藏。

②不责得：不苛求所得。

③坐："差"之讹，说从刘师培《晏子春秋补释》。

④莅修：当为"立修"，立身修德，教化他人。莅，通"立"。

⑤变人：教化他人，使人日日新。

译文

事奉父母孝顺，不后悔以往的行为；事奉君主忠诚，不后悔以往的言辞；跟兄弟和睦友爱，对朋友诚信，不掩藏自己的过失，不贪求所得；与别人言谈要尽量避免冲突，行为不和言论不相背离；在上做官治理民众，足以使君主受到尊重；在下为民立德修身，教化百姓，足以使百姓改恶向善；自身不犯过失，德行不受损伤。这样做人就称得上是荣耀了。

不庶几[①]，不要幸[②]，先其难乎而后

幸[③]，得之时[④]其所[⑤]也，失之非其罪也，可谓保其身矣。

(《晏子春秋》卷四《内篇问下》)

〈注释〉

①庶几：希望。

②要幸：侥幸，此谓不当得而得之。

③先其难乎而后幸：据吴则虞《晏子春秋集释》，本句后当脱“得之”二字，今从之。

④时：当为“是”，与下句“失之非其罪也”为对文。

⑤所：犹“宜”，与“罪”相对。

〈译文〉

不抱有非分的希望，不谋求本来不属于自己的东西，先艰难困苦而后有所得，得到了是理所应当，失去了也不是他的过错。这样做就可以说是善于保全自己了。

顺爱不懈[①]，可以使百姓，强暴不忠[②]，不可以使一人。一心可以事百[③]君，三心不可以事一君。

(《晏子春秋》卷四《内篇问下》)

注释

①顺爱不懈:顺君之心,爱民而不懈怠。

②强暴不忠:强暴民意,不忠于君。

③百:当为"三"字之误。

译文

若顺君爱民而不懈怠,就可以役使广大百姓;若强横暴虐而不忠诚,就连一个人也役使不了。若一心一意,可以事奉好三位君主,若三心二意,就连一位君主也事奉不好。

臣君者,岂为其口实①,社稷是养。故君为社稷死,则死之;为社稷亡,则亡之。若为己死,而为己亡,非其私昵②,谁敢任③之?

(《左传·襄公二十五年》)

注释

①口实:本义指食物,这里代指俸禄。

②私昵:所亲爱的人,这里指宠信之人。

③任:承担,担当,此处指随君主一起死、一起流亡。

译文

作为臣下，怎可只是为了俸禄而做官，应该是为了保卫国家。所以，君主若为国家而死，那么臣下就为他而死；君主若为了国家而逃亡，那么臣下也就随他而逃亡。如果君主仅仅为了一己之私而死，为了一己之私而逃亡，不是君主自己宠信的人，谁能随着他一起死、一起流亡呢？

夫社稷之臣，能立社稷，别上下之义，使当其理；制百官之序，使得其宜①；作为辞令②，可分布③于四方。

（《晏子春秋》卷五《内篇杂上》）

注释

①宜：所。

②作为辞令：制定法令、文告。

③分布：传布。

译文

社稷之臣要能辅佐君主安邦定国，制定上下、尊卑有别的礼义，使他们各得其位；规定各级官吏的等级次序，使他们各得其所；制定法令、文告，使其可以传布四方。

人臣者，先君后身，安国而度家[①]，宗君[②]而处身。

(《晏子春秋》卷六《内篇杂下》)

〈注释〉

①度家:居家。度,读“宅”。古“宅”与“度”相通。宅,居也。

②宗君:尊君。

〈译文〉

作为人臣,应该先为君主着想,然后才为自己打算;先使国家安定,然后再立家;君主尊严得到了维护,自己才能安处。

夫厚取之君，而施之民，是臣代君君[①]民也，忠臣不为也。厚取之君，而不施于民，是为筐箧之藏[②]也，仁人不为也。进取于君，退得罪于士，身死而财迁于它人，是为宰藏[③]也，智者不为也。

(《晏子春秋》卷六《内篇杂下》)

注释

①君:名词用作动词,统治。

②筐箧之藏:像竹子编的筐子或箱子一样,只知道藏财而不知散财。筐箧,圆形为筐,方形为箧。

③宰藏:让家宰帮主人保管财物。宰,家宰、家臣。

译文

从君主那里获得丰厚的赏赐,然后将之施舍给百姓,这是大臣代替君主施惠于民,忠臣是不这样做的。从君主那里获得了丰厚的赏赐,却不施舍给百姓,这就成了储藏钱财的竹箱子了,只知道藏财而不知道散财,有仁义之心的人是不愿意这样做的。先从君主那里获取了很多赏赐,而后又得罪"宰藏",自己死后,财产却转移到别人手中,这就同替钱财的主人看管财物一样,聪明的人是不这样干的。

为政篇

概述

晏子出身大夫阶层，事灵、庄、景三君，并且一度为齐相，因此，他对为政治国有深刻的体会。一方面，晏子主张君主要广开言路，善于纳谏。具体表现为，君主与大臣议政之时，要营造宽松的环境，鼓励大臣提意见、说真话。廷议之时，君主若“朝居严”则“下无言”，“下无言”则“上无闻”。晏子将“下无言”称为“瘖”，将“上无闻”称作“聋”。大臣装哑巴，君主装聋子，君臣异心，互不信任，国家就危险了。故晏子指出，治国莅民就怕“忠臣不信”“信臣不忠”及“君臣异心”，君臣只有做到“同欲”，百姓才能无怨言。另一方面，大臣也不能无条件地服从君主的欲望和想法。他指出：“君正臣从谓之顺，君僻臣从谓之逆。”君主施政只有符合道义才算“正”。君主若邪僻，大臣再不加辨别地附和，就是犯了“同”的错误。所以，君臣关系的最佳境界是“和”，即君臣在为政之时相互协调、相互促进：大臣要敢言，君主要善于纳谏、节欲。君主施政只要做到“为政尚相利”“行教尚相爱”“刑罚中于法”三点，就能做到贤能在上，不肖在下，各得其所，万民“一意同欲”。君主为政只有具备了“德厚”“行广”的优秀品质，才能达到“配天象时”的最高境界，成为“帝王之君”“明神之主”。

君正臣从谓之顺[①]，君僻臣从谓之逆[②]。

(《晏子春秋》卷一《内篇谏上》)

注释

①顺：顺于道，如君君、臣臣之道。

②逆：逆于道。

译文

君主行事正直，大臣依从，叫作顺道；君主行事邪僻，大臣仍旧依从，叫作逆道。

所谓和者，君甘则臣酸，君淡则臣咸。今据也甘君亦甘[①]，所谓同也，安得为和！

(《晏子春秋》卷一《内篇谏上》)

注释

①今据也甘君亦甘：应改作“今据也，君甘，亦甘”。据，即梁丘据，齐景公时大臣。

译文

所谓的和就是，君主若是喜欢甜的东西，大臣就要献

上酸一点的;君主若是喜欢清淡的,大臣就要献上咸一点的。现在君主说喜欢甜的,梁丘据就送上甜的,这是所谓的同,怎么能称得上和呢!

朝居严①则下无言,下无言则上无闻矣。下无言则吾谓之瘖②,上无闻则吾谓之聋。聋瘖,非害国家而如何也?

(《晏子春秋》卷二《内篇谏下》)

注释

①严:威严、严厉。

②瘖(yīn):同“喑”,哑,沉默不语。

译文

君王若上朝时太严厉,臣下就不敢说话;臣下不敢说话,那么君王就什么言论也听不到了。臣下不说话,我称之为“瘖”;君王听不到任何消息,我称之为“聋”。朝堂之上,又聋又哑,不是危害国家又是什么呢?

问道者更正①,闻道者更容。

(《晏子春秋》卷三(《内篇问上》)

注释

①更正：一说“更心”，与“更容”相对。

译文

询问治国之道的人就要端正自己的思想，懂得治国之道的人就要端正自己的态度。

乐人之哀，利人之难[①]；德不足以怀人，政不足以惠民；赏不足以劝善，刑不足以防非[②]，亡国之行也。

（《晏子春秋》卷三《内篇问上》）

注释

①利人之难：人家有灾难却趁机从中牟利。

②防非：防止人们做坏事。

译文

别人哀痛，自己却以此为乐；人家有灾难却趁火打劫；德行不足以使百姓感念，施政又不能惠及百姓；赏赐起不到激励人们做善事的作用，刑罚也起不到防止人们做坏事的作用：这些都是亡国的行径啊。

所患者三：忠臣不信[1]，一患也；信臣不忠，二患也；君臣异心，三患也。是以明君居上，无忠而不信，无信而不忠者。是故君臣同欲，而百姓无怨也。

（《晏子春秋》卷三（《内篇问上》））

注释

①不信：不被信任。

译文

治国理政所担忧的事有三件：忠臣不被信任，这是第一件；被信任的臣子不忠诚，这是第二件；君臣不能同心同德，这是第三件。因此，贤明的君主当政时，没有忠臣不被信任的，也没有被信任而不是忠臣的。所以，贤明的君主施政，君臣能够做到同心同德，而百姓也就没有什么怨恨了。

下无直辞，上有隐君[1]，民多讳言，君有骄行。古者明君在上，下多直辞；君上好善，民无讳言。

（《晏子春秋》卷五（《内篇杂上》））

〈注释〉

①隐君:当为“隐恶”。

②刖(yuè)跪:受刖刑的人。刖,古代砍掉双脚或脚趾的酷刑。跪,足也。

〈译文〉

臣下若不直言敢谏,君主则有隐患;百姓有许多忌讳的话不敢说,君主就有骄纵之举。古代贤明的君主虽高高在上,下方的臣民却多有耿直之言;君主好行善事,百姓就没有忌讳的话不敢说。

君强臣弱,政之本也;君唱臣和,教之隆[①]也;刑罚在君,民之纪[②]也。

(《晏子春秋》卷七(《外篇上》))

〈注释〉

①隆:兴盛、兴隆。

②纪:纲纪。

〈译文〉

君主权势强大,臣下权势弱小,这是施政的根本;君主

倡导，臣下附和，这是教化的兴盛；刑罚大权握在君主手中，这是百姓的纲纪。

君疏辅而远拂[1]，忠臣拥塞，谏言不出。臣闻之，近臣嘿[2]，远臣瘖[3]，众口铄金[4]。

（《晏子春秋》卷一《内篇谏上》）

注释

①拂：通“弼”，辅佐之大臣。

②嘿（mò）：同“默”，沉默。

③瘖：同“喑”，哑。这里引申为默不作声。

④众口铄金：众人的诋毁足以熔化金属。

译文

君上疏远辅弼大臣，忠臣的言路就受到阻塞，谏诤之言也没人敢说。我听说，君主身边的近臣沉默不语，远离君主的大臣也三缄其口，众人的诋毁和抱怨足以将金属熔化。

古之王者，德厚足以安世①，行广②足以容众，诸侯戴之，以为君长；百姓归之，以为父母。是故天地四时和而不失，星辰日月顺而不乱。德厚行广，配天象时③，然后为帝王之君，明神之主④。

（《晏子春秋》卷一《内篇谏上》）

注释

①安世：使人世间安定。

②行广：行事宽宏大度。

③配天象时：与天地合德，与四时合序。

④明神之主：当为"神明之主"，如神明一般的君主。

译文

古代的帝王，道德品质宽厚，足以安定天下；行事宽宏大度，足以包容百姓。诸侯爱戴他，把他当作万国之长；百姓归附他，把他当作父母一样看待。所以天地与四时相互协调，日月星辰运转正常而不紊乱。他的品德宽厚，行事宽宏大度，与天地合德，与四时合序，然后才能成为称帝称王的国君，成为神明一般的君主。

古者不慢行[①]而繁祭[②]，不轻身而恃巫。

（《晏子春秋》卷一《内篇谏上》）

〈注释〉

①慢行：行为怠慢，意为不恭敬。

②繁祭：频繁祭祀。

〈译文〉

古代的君王不轻率行事，不频繁祭祀，不轻看自己而依赖巫师。

合升豉[①]之微以满仓廪，合疏缕[②]之绨[③]以成帏幕，大山之高，非一石也，累卑然后高。天下者，非用一士之言也，固有受而不用，恶[④]有拒而不受者哉！

（《晏子春秋》卷二《内篇谏下》）

〈注释〉

①豉：同“斗”。

②疏缕：稀少的线缕。

③绨（tí）：质地粗且厚、平滑有光泽的丝织品。这里指纺线。

④恶(wū):疑问代词,怎么、哪里。

译文

只有积累一升一斗的粮食才能装满粮仓,只有聚集一丝一缕的麻线才能织成帷幕,泰山的高大,不是只用一块石头就能垒成,而是由无数块石头从低垒到高而成。凡是治理天下,都不是只采用某一个人的意见就能行的,固然也有采纳别人的意见而不用的情况,但哪有拒开言路的呢!

君得合[①]而欲多,养欲[②]而意骄。得合而欲多者危,养欲而意骄者困。

(《晏子春秋》卷三《内篇问上》)

注释

①合:通"给",满足。

②养欲:长欲。养,滋长。

译文

君上所要的已经得到满足而欲求无厌,欲求滋长就会意气骄横。所要的得到满足而因此贪得无厌的人,就会遭遇危险,欲望滋长、意气骄横就会遭受困厄。

诛不避贵，赏不遗贱；不淫于乐，不遁[1]于哀；尽智导民，而不伐[2]焉，劳力岁事[3]，而不责焉。

（《晏子春秋》卷三《内篇问上》）

注释

①遁：通“循”，陷、沉溺。

②伐：夸耀。

③岁事：本作“事民”。事，治理。

译文

诛杀犯法者而不回避权贵，赏赐有功劳者而不遗漏贫贱；不沉湎于声色之中，不深陷于哀痛之中；竭尽全力导民向善，而不以此夸耀自己；努力为民办事，而不苛求百姓。

为政尚相利，故下不以相害；行教尚相爱，故民不以相恶为名。刑罚中于法，废罪[1]顺于民。是以贤者处上而不华[2]，不肖者处下而不怨，四海之内，社稷之中，粒食之民[3]，一意同欲，若夫私家之政[4]。生

有遗教⑤，此盛君之行也。

(《晏子春秋》卷三《内篇问上》)

〈注释〉

①废罪:当作“废置”。

②华:通“哗”,欢心、喜悦,这里引申为骄慢。

③粒食之民:以谷物为食的庶民百姓。与“肉食者”(官僚贵族)相对。

④私家之政:像对待自己的家事一样。

⑤生有遗教:据《群书治要》,当作“生有厚利,死有遗教”。意谓活着就为百姓谋福利,死后则垂教于后世。

〈译文〉

为政者治国推崇互利互惠,故百姓不相互残害;施行教化崇尚相互爱护,故百姓不相互施加恶名。量刑处罚合于法度,废除、兴办事务顺应民心,所以贤能的人在上为官而不骄慢,没有才德之人居于下位而无怨言。四海之内,举国之中,庶民百姓同心同德,对待国事就像对待自己的家事一样积极。他们活着就为百姓谋福利,死后则垂教于后世,这就是伟大的君主的德行。

天子适①诸侯曰巡狩。巡狩者,巡所守也。诸侯朝天子曰述职。述职者,述所

职也。无非事[②]者。春省[③]耕而补不足，秋省敛而助不给。

（《孟子·梁惠王下》）

注释

①适：到。

②事：政事。

③省：视察。

译文

天子到各方诸侯那里视察叫作“巡狩”。巡狩就是指巡视、检察各诸侯的职守完成情况。诸侯去朝见天子叫作“述职”。述职就是向天子报告他职责内的工作的意思。这些都与政事相关。春天巡视耕种情况，对粮种不足的农户加以补助；秋天考察收获的情况，为缺少粮食的农户提供帮助。

先民而后身，先施[①]而后诛[②]，强不暴弱，贵不凌贱，富不傲贫；百姓并进，有司不侵，民和政平。

（《晏子春秋》卷四《内篇问下》）

〈注释〉

①施:施恩惠、赏赐。

②诛:责罚。

〈译文〉

把民众的当务之急放在首位,然后再考虑自身私利,先施赏赐,而后行诛罚;豪强之家不欺凌弱小之户,高贵之族不欺压贫贱之民;民无贵贱,因贤而仕,有司不劫掠百姓,万民和谐,政治清平。

地战者[①]不能成王,为禄仕者[②]不能成政。

(刘向《说苑·君道》)

〈注释〉

①地战者:攻城略地、兼并土地的人。

②为禄仕者:进身出仕只是为了谋求俸禄的人。

〈译文〉

只依靠攻城略地的人不能成为天下之王,只为了谋求俸禄的人不能治理好国家。

俭让篇

概述

春秋战国时期，齐国富庶，社会风俗崇尚奢靡。针对国家崇好奢靡的时弊，晏子倡导国君为首的统治者也要节制开支。所以晏子的节俭思想主要针对统治阶层，其中涉及衣、食、住、行等各方面生活的细节。晏子主张节俭，并不只是为了积财，而是具有政治意义。他认为，统治者不尚奢华，节俭自奉，其效果是不劳民伤财，减轻了百姓的负担。晏子的节俭思想最有特色之处在于，他认为统治阶层将节俭下来的财货一定要施之于百姓。他警告统治者，如果只知一味聚敛财富而不懂得分给百姓，“百姓必进自分也”。不仅如此，晏子自己还身体力行。他将国君赏赐的俸禄基本都分给了“三族”、国之游士以及平民百姓。晏子的节俭思想又衍生出了廉让思想。晏子认为在位者要懂得廉让。廉洁是施政的根本，谦让是最重要的品德。财富和利益就像布帛有固定的宽度一样，只有加以限制（幅利），才能长久地保有福和利。

三王[①]不同服而王，非以服致[②]诸侯也。诚于爱民，果于行善，天下怀其德而归其义，若[③]其衣服节俭而众说也。夫冠足以修敬[④]，不务其饰；衣足以掩形御寒，不务其美。衣不务于隅肶[⑤]之削，冠无觚羸[⑥]之理，身服不杂彩，首服不镂刻。

（《晏子春秋》卷二《内篇谏下》）

注释

①三王：指禹、汤和周文王。

②致：招徕，使……归附。

③若：“善”字之误。

④修敬：使庄重严肃。

⑤隅肶(pí)：当为“隅眦”，即隅差，经过裁剪而形成的边角。隅，角也；差，邪也。古人尚质朴，布匹不经精剪细裁，稍加裁剪就披在身上，俗称“大布之衣”。

⑥觚羸：形容帽子形制有圆形或方形。觚，方形纹。羸，圆形纹。

译文

夏禹、商汤和周文王虽然穿着不同的衣裳，却都能称

王天下，他们并非凭借着服饰使诸侯来臣服的。他们真心实意地爱护百姓，毫不迟疑地推行善政，天下人都感怀他们的恩德，归附于他们的仁义之举，赞扬他们衣着节俭，因而对他们都心悦诚服。戴帽子只要能显得庄重、严肃就可以了，不必追求华丽的装饰；衣服只要能蔽体御寒就可以了，不必追求华美。穿衣服不追求修边饰领，戴帽子不追求圆、方之形，衣服的颜色不必多彩艳丽，帽子不必镂刻花纹。

古者尝有紩衣挛领[①]而王天下者，其义好生而恶杀，节上而羡[②]下，天下不朝其服，而共归其义。古者尝有处橧巢窟穴[③]而不恶，予而不取，天下不朝其室，而共归其仁。

（《晏子春秋》卷二《内篇谏下》）

注释

①紩(zhì)衣挛(luán)领：没有经过精剪细裁的衣服。紩衣，用一块布简单缝制的衣服。紩，缝。挛领，即卷领。

②羡：足、超过。

③橧(zēng)巢窟穴：传说上古时人曾于树上建巢而居，亦有利用天然洞穴而居者。橧巢，树上搭建的鸟巢状住所。窟穴，洞穴。

译文

上古时期,曾有穿着缝制极其简朴的衣服而称王天下的人,他们主张爱惜人民的生命而反对杀戮行为,节制在位者的开支而致力于民众的富饶,天下人并非因其衣服来朝拜,而是共同归附于他们的仁义。上古曾有居住于树巢或洞穴而称王天下的人,他们施政宽厚而不施恶刑,惠待民众而不横征暴敛,天下人并非因其居室来朝拜,却一致归附于他们的仁爱。

及三代作服,为益敬也。首服足以修敬,而不重也,身服足以行洁,而不害于动作。服之轻重便于身,用财之费顺于民。其不为橧巢者,以避风也;其不为窟穴者,以避湿也。是故明堂[①]之制,下之润湿,不能及也;上之寒暑,不能入也,土事[②]不文,木事[③]不镂,示民知节也。及其衰也,衣服之侈过足以敬,宫室之美过避润湿,用力甚多,用财甚费,与民为仇。今君欲法圣王之服,不法其制,法其节俭也,则虽未成

治，庶其有益也。

（《晏子春秋》卷二《内篇谏下》）

注释

①明堂：古代帝王宣明政教的殿堂。据本书可知，其最早形制相当简朴，仅仅能够避潮湿、寒暑。

②土事：土石之建筑工程。

③木事：木结构建筑工程。

译文

至夏商周三代，官员裁制服饰更加注意端庄整肃。头上戴的足以使人显得恭谨有礼，而不至于沉重压头；身上穿的能够行动方便，而不至于妨碍动作。服饰的轻重力求穿戴方便，财政的开支应服从民众的能力量力而行。他们不再在树上搭巢，建造宫殿也仅仅是为了挡风遮雨；不再栖身洞穴，住的也仅仅是为了防止潮湿。所以，建造的明堂也仅仅是使地下的湿气不能上来，上面的寒气或暑气不至于侵入室内。建造土石结构的建筑不画五彩之纹，建造木结构的建筑不加镂刻，以此来教导百姓节俭。到三代衰败之时，衣服的奢侈已大大超过了展示端庄有礼的功能，宫室的华美超过了避免潮湿的基本作用，耗费了大量的人力和财力，结果与百姓结成仇人。如今君上打算效法古时

候圣王的服饰，不要效法他们的制度，而要效法他们的节俭，那么即使国家还未能实现大治，也还是有好处的。

古者之为宫室也，足以便生[①]，不以为奢侈也，故节于身，谓[②]于民。

（《晏子春秋》卷二《内篇谏下》）

〈注释〉

①便生：使生活便利。

②谓：当为“调”字。调，和也。

〈译文〉

古时候，圣王筑造宫室，只求生活便利，而不是用来奢侈享受的，因此自己节俭，也不烦劳民众，所以人民能够安定和睦。

为君节养[①]其余以顾民，则君尊而民安。

（《晏子春秋》卷三《内篇问上》）

〈注释〉

①节养：节制宫廷开支。养，宫廷开支。

译文

作为一国之君，节制宫廷开支，将这些节俭下来的资财用来施舍百姓，那么君主就能受到百姓的拥戴和尊重，百姓也能够安居乐业。

贤臣，有受厚赐，而不顾其国族，则过之；临事守职，不胜其任，则过之。

（《晏子春秋》卷六《内篇杂下》）

译文

贤能之臣，若接受丰厚的赏赐而不照顾邻里乡党，就要责备；担任了重要职务但力不能胜任，就要受到批评。

廉者，政之本也；让者，德之主也。……廉之谓公正，让之谓保德，凡有血气者，皆有争心，怨利生孽[①]，维义可以为长存[②]。且分争者不胜其祸，辞让者不失其福。

（《晏子春秋》卷六《内篇杂下》）

注释

①怨利生孽：《左传·昭公十年》作“蕴利生孽”，杜预注：“蕴，蓄也。孽，妖害也。”意指积蓄私利，就会招致灾祸。

②维义可以为长存：当作“维义可以长存”，指只有讲义才能使人长居久安。

译文

廉洁，是施政的根本；谦让，是品德的主体。……廉洁指的是公正无私，谦让指的是保持高尚的品德。凡是有血气的人，皆有争斗之心，这样积聚私利就会招致灾祸，只有讲道义才能使人长居久安。况且，纷争不息的人将会有无穷的祸患，互相谦让的人才不会失去福运。

且夫富，如布帛之有幅[①]焉，为之制度[②]，使无迁[③]也，夫生厚而用利[④]，于是乎正德以幅之，使无黜慢[⑤]，谓之幅利。

（《晏子春秋》卷六《内篇杂下》）

注释

①幅：指布帛的宽度。《汉书·食货志下》曰：“布帛广二尺二寸为幅。”这里引申为限度、量度。

②制度：制定的法度、规范。

③迁：迁移、变动。

④夫生厚而用利：当为“夫民生厚而用利”，“生”字之前疑脱一“民”字。百姓都想过上富足的生活，因而都有趋利的天性。

⑤黜慢：因轻慢放纵而被黜放。

译文

富有，就如同布帛有固定的边幅一样，给它制定了标准，使人们不随意变更。百姓都想过上富足的生活，因而都有趋利的天性，于是就用正确的道德标准来规范这种欲望，使他们不会出现因轻慢放纵而最终导致被黜放的危险，这就叫作为利益制定规则。

节受[①]于上者，宠长于君，俭居[②]处者，名广[③]于外。

（《晏子春秋》卷六《内篇杂下》）

注释

①节受：有节制地接受赏赐。

②居：此字后当有“于”字。

③广：流传广泛、远播在外。

译文

有节制地接受君主的赏赐，就能长久地得到君主的宠信，生活节俭的人，就会声名远扬。

君使臣临百官之吏[①]，臣节其衣服饮食之养，以先国之民，然犹恐其侈靡而不顾其行也。今辂车[②]乘马，君乘之上，而臣亦乘之下，民之无义，侈其衣服饮食而不顾其行者，臣无以禁之。

（《晏子春秋》卷六《内篇杂下》）

注释

①临百官之吏：莅临百官之前，这里指晏婴为齐相统领百官。

②辂(lù)车：又称“路车”，大车。

译文

君上让我担任齐相统领百官，我率先节衣缩食，为齐国百姓做出表率，即使这样还担心百姓奢侈浪费，不顾忌自己的行为。如今君上乘坐大车，臣下我也乘坐大车，那么百姓也就会跟着不讲君臣之义了，他们就会穿衣务求奢侈，饮食不惜挥霍，不再顾忌自己的品行，我也就没有办法禁止他们了。

古之事君者，称身而食[①]，德厚而受禄，德薄则辞禄。德厚受禄，所以明上[②]

也;德薄[3]辞禄,可以洁下也。

(《晏子春秋》卷六《内篇杂下》)

注释

①称身而食:衡量自己的才德大小而领取俸禄。称,衡量。食,食禄。

②明上:使世人知道君上有识贤、用贤之明。明,使……知道。

③薄:前似脱漏一“德”字,从张纯一《晏子春秋校注》补。

译文

古时候事奉君主的人,衡量自己的才德大小而领取俸禄,德才宽厚的就接受俸禄,德才浅薄的就主动辞掉俸禄。德才宽厚的人接受俸禄,是为了使世人知道君上有识贤、用贤之明;辞掉德才浅薄之人的俸禄,是为了警示下级官吏要为政廉洁。

修身篇

概述

先秦哲人大都极其重视修身，晏子也不例外。晏子修身倡“善”，以为“能长保国者，能终善者也”。晏子所谓的“善”主要是指“事君以道”“修身以义”。他认为，君子是士人修身的榜样。“衣冠正”“言辞合义”“身行顺，治事公”，这是君子进身出仕所具备的日常品行。君子有德才就出仕，辅佐君主；“能不足以补上”，就退身乡野。退身乡野并非为了“傲上华世”“以枯槁为名”，而是要一方面参加劳动生产，一方面修身教化百姓。晏子以为士要“事亲孝”“事君忠”“和于兄弟”“信于朋友”，“不谄过，不责得；言不相坐，行不相反”。君子践行道义，以道正世，君主可以匡正就匡正，不能匡正就委曲求全，但是委曲求全不是阿谀奉承，更不是助纣为虐，而是“曲而不失仁义之理”。晏子事灵、庄、景三君，就坚持了这一原则。晏子以为，“养世之君子”“从轻不为进，从轻重为退”，是一种责任和担当；“省行而不伐，让利而不夸，陈物而勿专，见象而勿强”，又透露出廉让的精神。前者是一种积极的人生观，“静处远虑，见岁若月，学问不厌，不知老之将至”；后者又体现了他行事谨慎的态度，主张修身“慎隐揉”“慎所修”，还要重视客观环境对人的影响。晏子之所以名垂千古，与他“为而不置，行而不休”的修身是分不开的。

能长保国者，能终善[1]者也。诸侯并立，能终善者为长；列士[2]并学，能终善者为师。

（《晏子春秋》卷一《内篇谏上》）

注释

①终善：为善至终。

②列士：各位士人。

译文

能长久保有国家的，是那些能为善至终的君主。诸侯并起，能终身为善的才能成为群雄的霸主；诸位士人在一起学习，能做到始终为善的才能成为老师。

缦密[1]不能，蔍苴学者诎[2]，身无以用人，而又不为人用者卑。善人不能戚[3]，恶人不能疏者危。交游朋友从[4]，无以说于人，又不能说人者穷[5]。事君要利[6]，大者不得，小者不为者馁[7]。修道立义，大不能

专，小不能附者灭。此足以观存亡矣。

（《晏子春秋》卷三《内篇问上》）

注释

①缦密：犹“绵密”，事之精微者。

②麄(cū)苴(jū)学者诎：当为“麄苴不学者诎”，粗鄙之事不学者将屈从于人。麄苴，粗鄙之事。诎，屈从。

③戚：亲近。

④从：为衍字，当删去。

⑤穷：穷困潦倒而不通达。

⑥要(yāo)利：求利。要，求。

⑦餧：同“馁”，饥饿。

译文

精细的事做不了，粗鄙的事又不学的人就会受屈于人；自己不会用人，又不愿意被别人驱使的人，必然地位卑微。不能亲近善人，又不能疏远恶人的人，必然会身处危险。和朋友交往，自己不被别人喜欢，又不喜欢别人的人，必然会穷困而难以通达。事奉君主贪求富贵，利益大的事自己不能办到，利益小的事又不去做的人，必然会忍饥挨饿。修养道德，树立道义，大的方面不能一心一意去做，小的方面又不能跟随别人的人，必然会被灭亡。由此足以察知国家的生死存亡。

衣冠不中①，不敢以入朝；所言不义，不敢以要君②；行己③不顺，治事不公，不敢以莅众。衣冠无不中，故朝无奇僻之服；所言无不义，故下无伪上之报；身行顺，治事公，故国无阿党之义④。三者，君子之常行者也。

（《晏子春秋》卷三《内篇问上》）

注释

①中：正、整齐。

②要君：要求、劝谏君主。

③行己：当为“身行”。

④义：当为“议”。

译文

衣冠不整齐，不敢入朝议事；说话不合道义，则不敢用来劝谏君主；自身的行为不遵循礼，处理政事不公正，就不敢去管理百姓。衣冠没有不整齐的，所以朝会时就没有奇装异服；所说的话没有不合道义的，所以臣下就不会有欺骗君主的报告；自己的行为遵循礼，办事又公正，国家就没有结党营私的勾当。这三种情况，就是君子平素的行为了。

有所谓君子者，能不足以补上①，退处不顺上②，治唐园③，考菲履④，共恤⑤上令，弟长⑥乡里，不夸言，不愧⑦行，君子也。

（《晏子春秋》卷四《内篇问下》）

注释

①补上：补君上所不足，助君上所不及。这里代指出仕。

②顺上：一味地顺从君上。

③治唐园：从事稼穑。唐，同“塘”。塘园，当指桑麻种植等农业生产。

④考菲履：编织草鞋。考，编织。菲履，草鞋。

⑤共(gōng)恤：恭敬地遵守。共，通“恭”。恤，安守、遵守。

⑥弟长(tì zhǎng)：友爱兄弟，尊敬兄长。弟，即悌，友爱兄弟。

⑦愧：通“傀”，怪也。

译文

有一种被称作“君子”的人，当他们的能力不足以辅佐国君时宁可辞官也不一味地顺从国君，他们在下从事稼穑，编织草鞋，恭敬地遵守君上的法令，在乡里友爱兄弟，尊敬兄长，不夸夸其谈，无怪诞行为，这就是君子。

古之能行道者，世可以正则正，不可

以正则曲[1]。其正也，不失上下之伦；其曲也，不失仁义之理。道用，与世乐业，不用，有所依归[2]。不以傲上华世[3]，不以枯槁[4]为名。故道者，世之所以治，而身之所以安也。

(《晏子春秋》卷四《内篇问下》)

注释

①曲：同“屈”，如《论语·微子》所谓的“降志辱身”。

②依归：寄托。

③华世：沽名钓誉。华，通“哗”。

④枯槁：本指骨瘦如柴，这里引申为隐居不仕。

译文

古代能够践行道义的人，当世风民情能够匡正时就竭力辅佐君主匡正，无法匡正时就降志屈身、委曲求全。当他匡救时弊时，不违背尊卑上下的等级制度；当他委曲求全时，不抛弃仁义之理。若他的治国主张得到推行，便惠泽百姓，与百姓安居乐业；若不被推行，就退居乡野，修身养性，教化百姓。他们不靠轻慢君主来哗众取宠，也不会通过隐居不仕来沽名钓誉。所以，所谓的道义，既可以治理国家，又能使自己保身安定。

执二法裾[①]，则不取也；轻进苟合[②]，则不信也；直易无讳[③]，则速伤[④]也；新始好利，则无敝[⑤]也；且婴闻养世之君子，从重不为进，从轻不为退[⑥]，省行而不伐[⑦]，让利而不夸，陈物而勿专[⑧]，见象而勿强[⑨]，道不灭，身不废矣。

（《晏子春秋》卷四《内篇问下》）

注释

①执二法裾：当为“执一浩裾”，指刚愎自用。浩裾，简略不恭。

②轻进苟合：轻率谋求进身出仕，与私党暗地苟合。

③直易无讳：轻易直言，不加隐讳。直易，轻易。

④速伤：同“数（shuò）伤”，屡次受到伤害。速，数、屡次。

⑤无敝：当作“先敝”，与“速伤”意思相近。

⑥从重不为进，从轻不为退：当作“从轻不为进，从重不为退”，意为不见易而进，不见难而退。

⑦省（xǐng）行而不伐：时时反省检查自己的行为而不夸耀自己。省，反省。伐，夸耀。

⑧陈物而勿专：陈明事理而不专擅意见。物，事。专，专擅。

⑨见象而勿强：遇事因其自然而不强行干预。象，同“像”，法。

译文

遇事偏执，刚愎自用，则无所取法；轻率谋求出仕，勾结私党，则不为世人所信重；轻易直言，不加隐讳，则易屡屡遭受伤害；废旧图新，贪财好利，行事终会失败。况且，我听说匡济时世的君子，承担大事不是为了升官，做小事也不是为了退却，时时反省自己的行为而不夸耀自己，见利时谦让而不自傲，陈明事理而不专擅己见，遇事因其自然而不强行干预，做到这些就能够使道义不灭，自身不受害。

劫吾以刃，而失其志，非勇也；回[1]吾以利，而倍[2]其君，非义也。

(《晏子春秋》卷五《内篇杂上》)

注释

①回：转，转变心意。

②倍：通“背”，背叛。

译文

用刀威胁我，我若因此屈服，丧失自己的气节，这就称不上勇敢了；用利禄来收买我，我若回心转意，背叛国君，这就称不上道义了。

夫愚者多悔，不肖者自贤，溺者不问坠[1]，迷者不问路。溺而后问坠，迷而后问路，譬之犹临难[2]而遽[3]铸兵，噎[4]而遽掘井，虽速亦无及已。

（《晏子春秋》卷五《内篇杂上》）

注释

①坠：本作“队”，与“隧”同，道。

②临难：面临灾难。

③遽：迅速、赶紧。

④噎：因吃食物而被噎住。

译文

愚昧的人常追悔过往，不贤能的人总认为自己贤能，溺水的人多是由于没有事先了解水情而导致的，迷失方向的人是由于没有问路所致。溺水之后才去打听水情，迷失方向之后才去问路，这就好比大祸临头才想到赶紧铸造兵器，吃饭被噎住才想着赶紧去挖井取水，即使行动再迅速也来不及了。

今夫车轮，山之直木也，良匠揉[1]之，

其圆中规，虽有槁暴[②]，不复嬴[③]矣。故君子慎隐揉[④]。

（《晏子春秋》卷五《内篇杂上》）

〈注释〉

①揉：本作“煣”，以火烤木，使之弯曲。

②槁暴：枯干。槁，枯。暴，通“曝”，晒、干。

③嬴：挺、变直。

④隐揉：矫正竹木使之变直或变曲，这里引申为对自身行为约束修正。隐，通“檃”，檃栝（或檃括），即用工具将竹木变直。

〈译文〉

现在的车轮，本来是山中挺直的木材，良工巧匠把它放到火里烤，使之弯曲，木头的圆度与圆规相符，即使日晒干枯，也不会挺直了。所以君子要慎重地对待自身品行的修正。

和氏之璧[①]，井里之困[②]也，良工修[③]之，则为存国之宝，故君子慎所修。

（《晏子春秋》卷五《内篇杂上》）

〈注释〉

①和氏之璧：即和氏璧。相传春秋时期楚国人卞和发现一块

璞玉,他先后将其献给楚厉王、武王,但都被认为是欺诈,被截去双脚。楚文王即位,卞和又抱着璞玉哭于荆山之下,文王使人剖璞加工,果为宝玉,世人因其发现者卞和而名之曰“和氏璧”。

②井里之困:楚国一个叫井的里中的门限石。困,又曰“厥”,门限石,门槛下的条石。

③修:加工。

译文

和氏璧,本是楚国一个叫井的里中的门限石,但经过能工巧匠的修琢之后便成了传国之宝,所以君子要慎重地对待自己的修身。

今夫兰本①,三年而成,湛②之苦酒,则君子不近,庶人不佩;湛之縻醢③,而贾匹马矣。非兰本美也,所湛然也。

(《晏子春秋》卷五《内篇杂上》)

注释

①兰本:兰草与虆(gǎo)本,两种香草的名字。

②湛:通“渐”,浸。

③縻醢:当作“麋醢”,鹿肉酱。

译文

兰草和虆本,三年才能长成,如果把它们浸泡在酒中,

那么君子也不愿意接近它们，普通老百姓也不愿意佩戴它们；但把它们浸泡在麋鹿肉制成的肉酱中，其价值就足够买一匹马了。并非是兰草和藁本的质地有多好，而是用来浸泡它们的东西使然。

君子居必择邻，游必就士，择居所以求士，求士所以辟[①]患也。婴闻汩[②]常移质，习俗移性，不可不慎也。

（《晏子春秋》卷五《内篇杂上》）

注释

①辟：同“避”。

②汩（gǔ）：浊流。

译文

君子居住一定要选择好的邻居，交游一定要选择贤士，择邻而居就是为了寻求士，寻求士是为了避免灾祸。我听说浑浊的事物能够改变物种的性质，习俗能够改变人的性情，对于这一点不能不慎重啊！

省行[①]者不引[②]其过，察实[③]者不讥其辞。

（《晏子春秋》卷五《内篇杂上》）

〈注释〉

①省(xǐng)行：反省自己的言行。

②引：揭发、检举。

③察实：详察实情。

〈译文〉

能够时刻反省自己的人就不要再揭发他的过失了，能够详察事情的人就不要讥讽他的言辞了。

且人何忧，静处远虑，见岁若月，学问不厌，不知老之将至，安用从酒[①]！

（《晏子春秋》卷六《内篇杂下》）

〈注释〉

①从酒：纵酒。从，通“纵”。

〈译文〉

人有什么值得忧虑的呢！自己一个人静静地独处，为

长远做打算，视一年就像一个月那样短暂，敏而好学，不知厌倦，好像从来不知道自己将要老去一样，哪还用得着纵酒来打发时间！

橘生淮南则为橘，生于淮北则为枳[①]。叶徒相似，其实味不同。所以然者何？水土异也。

（《晏子春秋》卷六《内篇杂下》）

注释

①枳(zhǐ)：也叫枸橘。是一种小灌木，浆果球形，黄绿色，味酸苦。

译文

橘树长在淮河以南，就结橘子，长在淮河以北就结枳子，只是叶子相似，两者的果实味道并不相同。这是什么原因呢？是水土条件不一样。

为者常成，行者常至。婴非有异于人也，常为而不置[①]，常行而不休者，故难及[②]也。

（《晏子春秋》卷六《内篇杂下》）

注释

①置:放下。

②故难及:当为“胡难及”,怎么会难以赶上。故,当读“胡”。

译文

只要努力去做就能够获得成功,只要坚持前行就能达到目的。我并没有异于常人之处,只是能够做到不断去做而不放弃,不断前行而不停止,怎么会赶不上呢!

去老[1]者,谓之乱;纳少[2]者,谓之淫。且夫见色而忘义,处富贵而失伦,谓之逆道。

(《晏子春秋》卷八《外篇下》)

注释

①老:老妻。

②少:少妻。

译文

抛弃老妻的行为,叫作乱;再娶少妻的行为,叫作淫。况且,看见美色就忘记道义,深处富贵就不顾人伦,这叫作逆道。

外交篇

概述

春秋之世，诸侯争霸，一个国家的外交政策显得尤为重要。晏子作为齐国著名的政治家、外交家，在外交方面不仅留下了美谈，而且还形成了自己的一套外交理论。概括起来，晏子的外交理论以“尊周”为中心，以“彰先君之功烈，继管子之霸业”为目标。晏子主张若要“威服天下”，首先要“安邦内”。“安邦内”不是用暴力镇压人民，而是要遵循“爱民”“赏罚分明”“任用贤能”及“安仁利世”的“以德治国”的路线。他指出，内政的各项措施其实与“复霸”的外交策略是紧密相连的。只有做到“爱民”，才能“服境外之不善”；只有“赏罚分明”，才能“禁暴国之邪逆”；只有“任用贤能”，才能“威诸侯”；只有“安仁利世”，才能“服天下”。他主张攻伐诸侯要以“义”，服天下要以“德”。所谓“义”，即在诸侯之间坚持正义的原则，“为时禁暴”“为众屏患”；所谓“德”，就是“德行教训加于诸侯，慈爱利泽加于百姓”。晏子的外交思想基本继承了管子的称霸理论，但是有别于管子的是，晏子更偏重“以德怀远”的和柔路线，这与儒家“王道”思想有相通之处。

能爱邦内之民者，能服境外之不善；重士民之死力者，能禁暴国之邪逆；听赁贤[①]者，能威诸侯；安仁义而乐利世者，能服天下。不能爱邦内之民者，不能服境外之不善；轻士民之死力者，不能禁暴国之邪逆；愎谏傲贤者之言[②]，不能威诸侯；倍[③]仁义而贪名实者，不能威当世。而服天下者，此其道也已。

(《晏子春秋》卷三《内篇问上》)

注释

①听赁贤：当为"中听任贤"，听中正之言而任用贤能。中听，听中正之言。

②愎谏傲贤者之言：当去掉"之言"。愎谏傲贤，刚愎自用、不听劝谏之言而轻慢贤能之人。

③倍：通"背"。

译文

只有能爱护国内百姓的人，才能使境外邪僻残暴之人归附；只有尊重士民的生死劳苦的君主，才能禁除暴乱之

国的邪僻之人;只有听取忠臣的中正之言而能任用贤能的君主,才能威震诸侯;只有常行仁义而乐于为百姓谋福利的人,才能使天下归服。若不能爱护国内百姓,则不能使境外不良的人归服;若轻视士民为国效死,则不能禁除暴乱国家的邪僻之人;若拒谏饰非而轻慢贤能之人,则不能威震诸侯;若背仁义而贪名利,则不能使天下归服。威震天下而使天下归服的道理就是这样的。

攻义者不祥,危安[①]者必困。且婴闻之,伐人者德足以安其国,政足以和其民,国安民和,然后可以举兵而征暴。

(《晏子春秋》卷三《内篇问上》)

注释

①危安:使安者危。危,使……处于危险之中。

译文

攻伐仁义的国家不吉利,危害安定团结的国家就会导致自身困厄危险。况且,我听说,讨伐他国的君主,其德行一定能安定自己的国家,施政足以使庶民百姓和谐团结。国家安定,人民团结和睦,然后才可以兴兵征伐暴虐之国。

以谋胜国者，益臣之禄；以民力胜国者，益民之利。故上有羡[1]获，下有加利，君上享其名[2]，臣下利其实[3]。故用智者不偷业[4]，用力者不伤苦，此古之善伐者也。

（《晏子春秋》卷三《内篇问上》）

注释

①羡：余。

②君上享其名：君上享有任贤使能的美名。

③实：实在的好处。

④偷业：敷衍或混日子。

译文

臣子运用谋略战胜他国的，君主要增加他的俸禄；君主依靠百姓的勇敢和努力战胜他国的，要增加百姓的福利。这样，君上就有更多的收获，臣民也会获得更多的利益，君上享有任贤使能的美名，臣民也会获得实惠。所以，谋臣不会敷衍混日子，民众不会抱怨劳苦，这就是古代善于征伐的君主的所作所为。

其行公正而无邪，故谗人不得入；不阿党，不私色，故群徒[1]之卒不得容；薄身

厚民，故聚敛之人不得行；不侵大国之地，不秏[2]小国之民，故诸侯皆欲其尊；不劫人以甲兵，不威人以众强，故天下皆欲其强；德行教训加于诸侯，慈爱利泽加于百姓，故海内归之若流水。

（《晏子春秋》卷三《内篇问上》）

注释

①群徒：当为"群小"，君所宠幸之臣。

②秏：通"耗"，耗费。

译文

一国之君品行公正而没有邪僻之行，所以谗佞之人不得入朝为官；不阿附私党，不宠幸佞臣，所以宵小之辈无法容身于朝堂；自身节俭而对人民宽厚，因此聚敛民财的人不得横行；不侵占大国的土地，不耗费小国之民的资财，所以诸侯都愿意尊他为霸主；不以武力劫掠他人，不以地广人多胁迫他国，因此天下人都希望他强大；他的德行和教诲泽被诸侯，以慈爱之心和实在的好处施之于百姓，所以四海之内归服他的人就像河流流入大海一样。

地博不兼小[1]，兵强不劫弱；百姓内安

其政，外归其义[②]，可谓安矣。

（《晏子春秋》卷四《内篇问下》）

注释

①地博不兼小：国土幅员广大却不兼并小国。

②外归其义：指因其道义，外邦归附。

译文

国土幅员广大但不兼并小国，兵马强壮却不劫掠弱国；百姓安于国内政治，外邦归附，这样就可以说国家安定了。

不以威强退[①]人之君，不以众强[②]兼人之地；其用法，为时禁暴，故世不逆其志；其用兵，为众屏[③]患，故民不疾其劳；此长保威强勿失之道也。失此者危矣！

（《晏子春秋》卷四《内篇问下》）

注释

①退：贬斥、凌辱。

②众强：指兵力强大。

③屏：除。

译文

不以国势强大而凌辱别国之君，不以兵力强大而兼并他国之地；其用刑罚，务除残暴，所以世人不忤逆其意；其用兵征伐，为众人摒除祸患，所以百姓不以兴兵劳民为非，这就是国家长期保有强势的道理。假使不这样，国家就危险了。

事大①养小②，安国之器也。

(《晏子春秋》卷四《内篇问下》)

注释

①事大：谨事大国。事，事奉。

②养小：厚养小国。

译文

谨慎地事奉大国，保护小国，这是安定国家的重要措施啊。